Sybille Kalmbach

Biblische Geschichten vertiefen

Sybille Kalmbach

Biblische Geschichten vertiefen

Ideen, Beispiele, Bausteine für alle,
die in der Arbeit mit Kindern kreativ erzählen

aussaat

© 2008 Aussaat Verlag
Neukirchener Verlagsgesellschaft mbH, Neukirchen-Vluyn
www.nvg-medien.de
Titelgestaltung: Jens Weber, Duisburg
Satz: Breklumer Print-Service, Breklum
Druck: Fuck Druck, Koblenz
Printed in Germany
ISBN 978-3-7615-5618-4
Best.-Nr.: 155 618

Widmung

36 – 3 – 7 – 1 – D. Dies ist keine ISBN, sondern das sind wichtige Zahlen. Mit 36 Jahren und 3 Kindern habe ich jetzt mein 7. Buch fertiggestellt. Deshalb möchte ich sagen: 1a ist es, dass mein Mann, meine Kinder und die Omas und Opas mich immer wieder dabei unterstützen, dieser schönen Arbeit nachzugehen. Deshalb ein dickes D (Danke) an diese Menschen!

Vorwort

„Such doch noch irgendein Spiel raus!" Irgendein Spiel? Egal, ob in der Kinderkirche, in der Jungschar, im Religionsunterricht oder wo auch immer den Kindern biblische Geschichten erzählt werden – meist hat man noch ein wenig (oder viel) Zeit für ein Spiel oder eine gemeinsame Aktion in dieser Kindergruppe.

Dieses Buch soll einen Vorrat an Spielideen und Aktionen liefern, die nicht „nur so" gespielt werden, sondern die man ganz gezielt einsetzen kann. Die ausgewählten Spiele und Aktionen passen thematisch oder vom Erfahrungswert her direkt zur Erzählung. Damit bieten sie nicht nur einen unterhaltsamen Zeitvertreib, sondern eine große methodische und didaktische Hilfe. Die biblische Erzählung wird durch das Spiel eingeleitet oder vertieft. Dies trägt dazu bei, dass sich die Kinder das Geschehen besser vorstellen können, sich besser in die Gefühle der Personen hineinversetzen können oder dass das Gehörte mit einem Erlebnis verknüpft und dadurch besser in Erinnerung behalten wird.

Das Buch ist so aufgebaut, dass zum einen Spielideen und Aktionsideen getrennt aufgelistet sind, sodass man gezielt suchen kann.
Sowohl die Spielideen als auch die Aktionsideen sind im ersten Teil ganz speziell auf eine bestimmte Bibelstelle/Geschichte zugeschnitten, teilweise auch mit Erzählvorschlag.
Im zweiten Teil gibt es eine separate Sammlung von An-

regungen, die für fast alle Erzählungen und Geschichten verwendet werden können und somit eine zusätzliche Fundgrube darstellen.

Vielleicht trägt das Buch ja auch dazu bei, dass man in sich selbst die kreative Ader entdeckt und eigene Spielideen notiert und umsetzt. Viel Freude dabei!

In dem Buch werden durchgängig die Bezeichnungen „Mitarbeiter" oder „Spielleiter" verwendet – damit sind die Personen gemeint, die mit den Kindern zusammen arbeiten, und es sind sowohl weibliche als auch männliche, neue oder erfahrene, alte oder junge, dicke oder dünne Menschen gemeint.

In jeder Anregung gibt es zur Planungshilfe eine Zeitangabe. Diese ist nur als grober Richtwert zu verstehen, da dasselbe Spiel bei unterschiedlichem Alter oder auch unterschiedlicher Gruppengröße der Kinder stark variieren kann.

Zum Schluss möchte ich Ihnen viele spielbegeisterte Kinder, strahlende Kinderaugen und eine spürbare Freude am Umsetzen der Anregungen wünschen – nichts anderes hat unser großer und freundlicher Gott verdient, den wir unseren Kindern durch Erzählungen, Spiele und Aktionen näher bringen möchten.

Gottes Segen für Ihre Arbeit,

Ihre Sybille Kalmbach

Inhaltsverzeichnis

Spielideen
für fast alle Erzählungen geeignet

* mit Erzählvorschlag

Kreative Aktionen für spezielle Geschichten/Bibelstellen

Experiment vom Hausbau

Material: zwei Wannen oder zwei Hälften eines „Muschelsandkastens", Sand, Backsteine, große Holzbauklötze, Gießkanne, Kieselsteine, dünne Eddingstifte

Dauer: 20-30 Minuten

Textbezug: Matthäus 7,24-27 oder Lukas 6,47-49 – Gleichnis vom Hausbau

Die Kinder werden in zwei Gruppen eingeteilt. Jede Gruppe bekommt eine Wanne oder eine „Muschelsandkastenhälfte" (ist schön flach und groß). Die eine Gruppe schichtet in ihrer Wanne einen großen Sandberg auf, der oben eine ebene Fläche haben sollte, die andere Gruppe macht dies mit Backsteinen. Anschließend bekommt jede Gruppe die großen Holzbausteine und soll auf ihre ebene Fläche auf dem Berg ein solides Haus bauen.
Nun beginnt das eigentliche Experiment. Je nach Größe des Sandberges werden eine oder mehrere Gießkannen Wasser über dem Haus auf Sand ausgegossen bis der Sandberg schwindet und das Haus einstürzt. Genauso viel Wasser wird über dem Haus aus Stein ausgegossen, und die Kinder werden sehen, dass das Haus stehen bleibt.
Das Gleichnis vom klugen Hausbau kann entweder während des Experiments oder im Anschluss erzählt werden.

14

Als Erinnerung darf sich jedes Kind einen Kieselstein mit nach Hause nehmen, auf den mit einem dünnen Eddingstift die Bibelstelle oder ein passender Satz geschrieben ist.

Flaschenpost schreiben

Material: Plastikflaschen 0,5 Liter (Etikett ablösen), Papier, Stifte

Dauer: 10-20 Minuten

Möglicher Textbezug: Noah, Jona, Sturmstillung, Fischzug des Petrus, sinkender Petrus, Paulus auf dem Schiff

Nach der Erzählung versetzt sich jedes Kind in eine der entsprechenden Personen, .z. B. in Noah oder jemanden aus dessen Familie, in Jona, den Kapitän oder die Besatzung des Schiffes, in einen der Jünger etc. Dann wird aus der Sicht dieser Person ein kurzer Brief für die Flaschenpost geschrieben. Kleinere Kinder können den Brief einem Mitarbeiter diktieren oder ein Bild zu der gehörten Geschichte malen. Anschließend wird die Flaschenpost aufgerollt und in die Flasche gesteckt, und jedes Kind darf die Flaschenpost als Erinnerung mit nach Hause nehmen.

Alternativ kann die Flaschenpost natürlich auch tatsächlich auf eine Wasserreise geschickt werden – dann den Absender nicht vergessen und evtl. einige Zeilen für den Finder dazuschreiben, vielleicht sogar ein Geschenk für den Finder ausschreiben, der am weitesten entfernt wohnt.

Tipp: Auf der Rückseite des Papiers kann der entsprechende Bibeltext abgedruckt werden, dann können ihn die Kinder zu Hause nachlesen oder den Freunden zeigen. Übrigens sind die geschriebenen Texte eine gute Möglichkeit, die gehörte Geschichte im Gespräch zu vertiefen: Was haben die Menschen damals erlebt? Was haben sie gefühlt? Kenne ich auch solche Gefühle?

Papierschiff falten

Material: farbige DIN A4-Blätter, Malstifte

Dauer: 10 Minuten

Möglicher Textbezug: Sturmstillung, Fischfang des Petrus, Paulus auf dem Schiff, Noahgeschichte, Jonageschichte

Jedes Kind darf sich aus einem farbigen Bogen ein Papierschiff falten und es danach anmalen. Als Erinnerung kann die entsprechende Bibelstelle oder ein passender Satz (z.B.z. B. Jesus hilft mir in meiner Angst) auf den Schiffskörper geschrieben werden.

Überraschung!

Material: evtl. Überraschungseier oder andere Überraschungen

Dauer: 20-30 Minuten

Möglicher Textbezug: 1.Samuel 16 – überraschende Salbung Davids anstatt einer seiner großen stattlichen Brüder; Matthäus 20, 1-16 – überraschendes Ende im Gleichnis von den Arbeitern im Weinberg; 1.Mose 45 – Überraschung für die Brüder von Josef, als er sich als ihr Bruder zu erkennen gibt; Lukas 19, 1-11 – Jesus geht überraschend mit dem Zöllner Zachäus mit; Wunder- und Heilungsgeschichten mit Jesus

Schon beim vorhergehenden Treffen kann das Überraschungsthema angekündigt und Interesse geweckt werden. Mehrere Überraschungseinlagen machen den Titel zum Programm, z. B. das Verschenken von Überraschungseiern (oder ein Überraschungsei als Preis für den Gewinner eines Spieles), ein Überraschungsgast, ein Überraschungsessen, ein Überraschungsgeschenk für ein bestimmtes Kind oder andere unerwartete Vorkommnisse. Dabei rufen die Mitarbeiter dann immer laut: „Überraschung!"

Tipp: Der Überraschungseffekt ist eindrücklich, denn Kinder mögen erfreuliche Überraschungen. Man sollte darauf achten, dass die biblische Geschichte nicht durch den fröhlichen Überraschungsmoment in eine Comedy-Nummer ausartet, sondern klar wird, dass diese Aktion/diese Wende/dieser Ausgang etc. tatsächlich sehr überraschend für die Menschen damals kam. Die Verbindung einer biblischen Geschichte mit Überraschungsaktionen ist vor allem lohnenswert, wenn die Kinder die Geschichte schon kennen und so ein neuer Aspekt herausgearbeitet und die Geschichte dadurch wieder neu spannend wird.

Kindergottesdienst-Brunch

Material: Brunchzutaten nach Wahl, Geschirr, Besteck, Servietten

Dauer: 30-45 Minuten

Möglicher Textbezug: Schöpfung, Erntedank, Hochzeit zu Kana, Speisung der 5000, Abendmahl

Auch Kinder wissen eine liebevolle Vorbereitung und Dekoration zu schätzen. Deshalb lohnt es sich, den Tisch schön zu decken und das Essen schön herzurichten. Wenn genügend Zeit vorhanden ist, kann man die Kinder in die Tischdekoration und die Essensvorbereitungen (Kakao anrühren, Brötchen schmieren, Apfelstücke schneiden ...) einbeziehen, ansonsten richten die Mitarbeiter vorher alles her.
Gemeinsam wird nun gespeist und geschwelgt, man hat Zeit füreinander und genießt die Tischgemeinschaft.

Beautyzeit

Material: Cremes, Massageöle, Tennisbälle, Massagebälle, Wanne mit warmem Wasser, Handtücher, evtl. Schminkutensilien

Dauer: 20-40 Minuten

Möglicher Textbezug: Schöpfung (Gott meint es gut mit dem Menschen, er verwöhnt ihn), Esthergeschichte, Königsgeschichten, Salbungsgeschichten

Verschiedene Beautystationen werden aufgebaut, jede wird von einem Mitarbeiter betreut. Je nach zur Verfügung stehender Zeit darf sich jedes Kind nur eine Station aussuchen oder mehrere Stationen ausprobieren.

Stationen: Gesichtsmassage mit einer wohlriechenden Creme, Hand- oder Fußmassage mit Massageöl, Rücken- oder Ganzkörpermassage mit Tennisball oder Massageball, Fußwaschung, Schminken

Tipp: Als Andenken kann sich jedes Kind ein lachendes Gesicht auf einen Tennisball malen und ihn als persönlichen Massageball mit nach Hause nehmen (entweder die Tennisbälle neu kaufen oder in einer Tennishalle um ältere gebrauchte Bälle bitten).

Spielideen für spezielle Geschichten/Bibelstellen

Alphabetisch Gegenstände suchen/ Die überwältigende Schöpfung von A bis Z

Material: Buchstabenkarten von A-Z, evtl. in mehrfacher Ausfertigung

Dauer des Spiels: 30-60 Minuten (je nach Möglichkeiten im näheren Umfeld und je nach Anzahl der Jokerkarten)

Textbezug: 1.Mose 1, 1-31 und 2, 1-3 – Gott schuf am Anfang Himmel und Erde, Pflanzen und Tiere und den Menschen.

Zu den Themenstellungen können die Kinder alphabetisch von A-Z Dinge aufzählen, die ihnen einfallen, z. B. Ameise, Banane, Citrusfrucht, Dahlie, Efeu, Fliegenpilz, Ginster, Haare …

Spielvorschlag „Gegenstände suchen":

Die Kinder arbeiten als Gesamtgruppe zusammen oder werden in zwei oder mehr Gruppen aufgeteilt. Je mehr Kinder in einer Gruppe sind, desto schneller ist das Spiel zu Ende, da es ja mehr suchende Helfer gibt. Aufgabe ist, die Buchstabenkärtchen auszulegen und unter jedes Kärtchen einen Gegenstand aus Gottes Schöpfung mit dem betreffenden Anfangsbuchstaben zu legen. Einfacher wird es, wenn die Kinder fünf (oder mehr) Jokerblätter bekommen, auf die sie etwas aufmalen dürfen, was sie in ihrem nächsten Umfeld nicht besorgen oder hinlegen können (z. B. bei P eine Palme oder bei M ein Mensch). Bei den Buchstaben Q, X und Y muss man nichts finden – wem doch etwas einfällt, der bekommt einen Sonderpunkt.

Dieses Spiel kann schlecht nur im Haus gespielt werden; es sei denn, man ließe fast alles aufmalen. Die Kinder sollten auf jeden Fall auch draußen in Gottes Schöpfung nach Gegenständen suchen dürfen, oder auch bei einem Dorf- oder Stadtspiel draußen suchen und bei diversen Haushalten klingeln und fragen.

Tipp: Das Spiel kann auch über zwei Gruppenstunden verteilt gespielt werden. Interessant ist dann, dass sich die Kinder die Woche über Gedanken machen, welche Buchstaben ihnen noch fehlen und was sie noch an Gegenständen besorgen und mitbringen könnten.

Archememory/
Noah sucht sich seine Tierpaare zusammen

Material: vorhandenes Tiermemory oder selbst hergestellte Tierkärtchen

Dauer des Spiels: 10-20 Minuten (je nach Anzahl der Memorykarten)

Textbezug: 1.Mose 6,9-8,22 – Noah baut auf Gottes Anweisung hin die Arche und sucht von jeder Tierart jeweils ein Männchen und ein Weibchen, die er in die Arche bringt.

Spielvorschlag „Noah sucht die Tierpaare zusammen":

Spielvorbereitung: Entweder können die Memorykarten
selbst herstellt werden: dazu Kärtchen aus weißem Karton zuschneiden und jeweils das gleiche Tier auf zwei
Kärtchen malen (oder ausdrucken, ausschneiden und
aufkleben …). Oder man fragt in Kindergärten oder im
Bekanntenkreis nach, dort findet sich sicherlich auch ein
Memoryspiel mit Tieren, somit kann man sich meist diese Arbeit sparen. Allerdings lohnt sich die Arbeit, wenn
man das Memory zusammen mit den Kindern herstellt.
Dann könnte man in einer Gruppenstunde den ersten
Teil der Arche-Noah-Geschichte erzählen und die Kärtchen bemalen lassen, und in der zweiten Gruppenstunde
die Geschichte zu Ende erzählen und das Spiel spielen.
Besonders nett wird das Arche-Noah-Memory, wenn
sich jedes Kind auf ein Blatt Papier eine Arche malt und
darauf seine gesammelten Tierpaare ablegen darf.

Das Spiel selbst funktioniert so, dass alle Kartenpaare
verdeckt vermischt und dann einzeln ausgelegt werden.

Das erste Kind darf zwei Kärtchen seiner Wahl aufdecken. Sind darauf nicht die beiden gleichen Tiere zu sehen, werden die Karten wieder umgedreht und das nächste Kind ist an der Reihe. Hat ein Kind zwei gleiche Kärtchen und somit ein Tierpaar für seine Arche gefunden, darf es sich wie Noah freuen, die beiden Karten an sich nehmen und gleich zwei neue Kärtchen aufdecken. Wer ist am Ende der fleißigste und aufmerksamste Noah mit den meisten Tierpaaren?

Für die jüngeren Kinder bietet sich eine einfachere Memory-Variation an, das sogenannte Klatschmemory mit nicht allzu vielen Kartenpaaren. Das erste Kind deckt zwei Karten auf. Sind sie kein Paar, werden sie nicht wieder wie bei herkömmlicher Memoryregel zugedeckt, sondern offen im Spiel liegengelassen. Dann deckt das nächste Kind zwei Karten auf. So liegen nach und nach immer mehr offene Karten auf dem Tisch. Sobald ein Kind zwei gleiche Tierkarten entdeckt – und zwar egal, ob es das aufdeckende Kind ist oder ein anderes – wird mit der rechten Hand auf die eine und mit der linken Hand auf die andere Karte geklatscht. Der „Kartenklatscher" erhält das Memorypaar.

Tipp: Dieses Spiel ist auch sehr gut für kleine Kindergruppen geeignet. Sobald mehr als sechs bis acht Kinder mitspielen ist es ratsam, ein weiteres Spiel parallel einzusetzen oder die Kinder in kleinen Teams spielen zu lassen. Dies ist hilfreich für schüchterne Kinder, da sie sich in Kleingruppen nicht so beobachtet fühlen und mehr aus sich herausgehen können. Allerdings geht dies auch nur bis zu einer bestimmten Anzahl von Kindern, da dann die Karten zu klein sind und nicht mehr alle Kinder Einsicht auf die Karten haben. Alternativ könnte man dann größere Karten selbst herstellen und sie auf einer großen Pin- oder Styroporwand aufhängen, sodass wieder alle freie Sicht zum Tiergewimmel haben.

Türme bauen/Der Turmbau zu Berlin, Brüssel, Bregenz, Babel ...

Material: siehe Spielbeschreibungen unten

Dauer der Spiele: je Spielvorschlag 5-15 Minuten

Textbezug: 1.Mose 11,1-9 – Der Turmbau zu Babel
Die Menschen versuchten auch damals, den höchsten und schönsten Turm zu bauen. Das ist auch nichts Negatives. Wenn wir Freude am Bauen und am Spielen haben, freut sich Gott mit. Aber die Menschen damals dachten, sie bräuchten Gott nicht mehr. Sie dachten, sie wären etwas Besseres als Gott und wollten alleine berühmt sein. Sie wollten noch wichtiger sein als Gott.

Erzählvorschlag:

Vor langer, langer Zeit lebten die Menschen glücklich und zufrieden. Gott hatte ihnen eine wunderschöne Erde geschaffen, und dafür waren sie ihm dankbar. Sie hatten viele Tiere und zogen mit diesen Tieren im Land herum. Und immer, wenn die Schafe und Kühe und Ziegen alles Gras abgefressen hatten, packten die Menschen ihre Zelte zusammen und zogen zum nächsten Ort, an dem es ihnen gefiel und an dem sie genügend Weideland für ihre Tiere fanden.
Eines Tages kamen sie in ein Land im Osten; dort, wo die Sonne aufgeht. Durch dieses Land führten zwei Flüsse, und deshalb war der Boden sehr fruchtbar. Hier wuchs

25

so hohes und dickes und saftiges Gras, wie die Menschen es noch nie gesehen hatten. Ihre Tiere futterten und futterten von dem leckeren Gras, und wenn sie es in der einen Ecke abgefressen hatten, dann grasten sie in der anderen Ecke weiter. Aber nie war alles abgeweidet. Denn das Land war so fruchtbar, dass das Gras schnell wieder nachgewachsen war. Weil es den Tieren und den Menschen hier so gut gefiel, wollte keiner mehr weiterziehen. Das war ja auch nicht nötig, denn es war immer genug für alle da. Die Menschen lobten Gott für dieses schöne Land, und sie überlegten: „Hier wollen wir nicht mehr weg. Hier bleiben wir!" Und als sie eine Weile in dem fruchtbaren Land gewohnt hatten, da merkten sie: „Eigentlich könnten wir uns auch richtige Häuser bauen. Dann sind wir noch besser geschützt vor starkem Regen oder vor der heißen Sonne oder kräftigem Wind."
Und so begannen sie, sich Häuser zu bauen. Sie mussten zuerst ein bisschen üben, weil sie ja bisher noch keine Ahnung vom Häuserbauen hatten. Aber ziemlich schnell hatten sie das gelernt, und es machte ihnen so richtig Spaß. Sie bauten kleine Häuser und große Häuser, Häuser für Familien mit wenig Kindern und Häuser für Familien mit vielen Kindern, Häuser für junge Leute und Häuser für alte Menschen. Doch irgendwann hatten sie wirklich genug Häuser gebaut, sie brauchten keine neuen mehr.
„Oh, schade!" riefen die Menschen. „Schaut mal, was für eine schöne Stadt wir gebaut haben! Die Stadt soll Babel heißen. Aber das Bauen hat solchen Spaß gemacht, eigentlich möchten wir noch weiterbauen." Sie überlegten eine Weile, was sie noch bauen könnten, aber keiner hatte eine gute Idee. Da rief auf einmal einer: „Ich weiß es! Wir bauen einen Turm! Einen richtig großen Turm, den man schon von weitem sieht. Dann wissen wir gleich,

wo unsere Stadt Babel ist, wenn wir nach den Tieren auf den Weideplätzen sehen. Und wenn wir auf den Turm hochsteigen, dann haben wir eine gute Aussicht." Die anderen nickten begeistert. „Au ja, und dann werden wir Menschen von Babel vielleicht sogar berühmt, weil wir so einen tollen Turm haben!", flüsterte einer.

Die Menschen machten sich gleich an die Arbeit. Sie teilten sich auf: Einige machten einen Plan, einige besorgten den Lehm, andere formten die Steine, wieder andere trockneten die Steine. Dann gab es natürlich noch diejenigen, die die Steine zur Baustelle schleppten und die Bauarbeiter, die die Steine aufeinander setzen.
Zu Beginn sah der Turm noch nicht so schön aus. Überall lagen Steine herum, und man sah nur das Fundament. Aber mit der Zeit wurde der Turm immer größer und höher. Und er wurde auch immer schöner, weil die Menschen sich so richtig viel Mühe damit gaben. Und je höher und schöner der Turm wurde, desto stolzer wurden die Menschen auf ihr Bauwerk. Zu Beginn flüsterten sie es sich nur zu: „Wir wollen unseren Turm bis in den Himmel bauen! Dann werden wir noch berühmter als Gott!" Doch mit der Zeit flüsterten sie es nicht nur, sondern sie riefen es laut hinaus und lachten dabei: „Wir werden berühmt! Wir sind noch toller als Gott, und wir werden überall für unseren Turm bekannt sein. Wir brauchen Gott nicht mehr! Unser Turm ist uns viel wichtiger als Gott!"
Als Gott das hörte, wurde er traurig. Er hatte den Menschen eine schöne Erde geschaffen und er hatte ihnen dieses schöne fruchtbare Land gezeigt. Und jetzt wurden sie überheblich und wollten nichts mehr mit ihm zu tun haben? Sie wollten berühmter sein als Gott, und der Turm war ihnen wichtiger als alles andere? Gott sagte:

„Bis jetzt wart ihr Menschen ein einziges Volk mit einer einzigen Sprache. Und ihr habt mit mir geredet und zu mir gebetet. Doch jetzt habt ihr nur noch den Turm im Kopf und denkt an nichts anderes mehr. Deshalb werde ich eure Sprache verwirren. Von nun an werdet ihr nicht mehr alle die gleiche Sprache sprechen. Ihr werdet einander nicht mehr verstehen."

Und so geschah es. Am nächsten Morgen kamen wieder alle Menschen zu ihrem Turm. Der Turm war schon riesig hoch und mächtig eindrucksvoll. Doch als die Menschen mit der Arbeit begannen, da sprach jeder eine andere Sprache. Zuerst fanden sie es ja noch ein bisschen lustig, doch dann funktionierte gar nichts mehr. Die Turmplaner konnten nicht mehr über ihre Ideen reden und den Bausteinmachern nicht mehr erklären, welche Bausteine sie herstellen sollten. Die Steineschlepper brachten die falschen Steine, und die Bauarbeiter konnten nicht mehr besprechen, wie sie den Turm weiterbauen sollten. Es war ein einziges Durcheinander. Keiner verstand den anderen. Und so blieben immer mehr Menschen von der Arbeit zu Hause, weil sie sich ärgerten oder keine Lust mehr hatten. Immer ganz wenige, die die gleiche Sprache redeten, taten sich zusammen, packten ihre Sachen und zogen weg, ganz woanders hin. Und nach einiger Zeit stand der Turm ganz verlassen da. Am Anfang sah er immer noch ganz eindrucksvoll aus, obwohl er ja noch längst nicht fertig war. Aber weil sich keiner mehr darum kümmerte, kamen mal Sandstürme, mal Regen, dann wieder starker Wind, dann wohnten Tiere in dem Turm und nagten an ihm herum. Und immer mehr bröckelte der Turm und ging nach und nach kaputt.

Und wenn manchmal Leute vorbeizogen, dann sagten sie zueinander: „Hier war mal die Stadt Babel. Und hier, der zerstörte Turm da, der war einmal ganz hoch und schön. Aber dann haben die Menschen gesagt, dass sie berühmter sein wollen als Gott und dass sie Gott nicht mehr brauchen. – Und jetzt seht her, was aus dem Turm und den Menschen von Babel geworden ist!"

Spielvorschläge „Turmbau verschiedenster Art"

Bierdeckelturm

Material: viele Bierdeckel (in Restaurants fragen), Maßband

Die Kinder werden je nach Anzahl in zwei oder mehr Kleingruppen aufgeteilt. Jede Gruppe erhält einen Stapel Bierdeckel und die Aufgabe, einen möglichst hohen Turm damit zu bauen. Es gibt keine Vorgaben zur Bauweise, zur Größe der einzelnen Stockwerke oder des Unterbaus. Jeder darf bauen, wie er will. Nach genau drei Minuten wird gestoppt und gemessen, wer den höchsten Turm gebaut hat. Wenn ein Turm zwischendurch einstürzt, ist dies egal, es zählt nur das Endergebnis.

Legoturm

Material: viel Lego oder Lego Duplo, Maßband

Die Kinder werden in mindestens zwei Kleingruppen eingeteilt. Man sollte darauf achten, dass nicht zu viele Kinder in jeder Kleingruppe sind, damit jedes Kind beim Bauen beteiligt wird. Bei diesem Spiel kommt es darauf an, einen möglichst hohen und gleichzeitig möglichst schönen und raffinierten Turm zu bauen. Die Kinder bekommen fünf bis zehn Minuten Zeit, danach beurteilt die Jury jeden Turm in den beiden Kategorien „Höhe" und „raffinierter Baustil". Die Gruppe mit der besten Endnote erhält einen Turm aus Mamba-Kaubonbons.

Alternatives Baumaterial: Bauklötze

Jenga
Material: handelsübliches Jengaspiel, evtl. mehrfach
Bei einer kleinen Kindergruppe reicht ein Spiel, bei einer
größeren sollte man mehrere bereitstellen. Das Spielprinzip funktioniert so, dass ein Turm aus Klötzchen auf
dem Tisch steht und man immer ein Klötzchen unten
aus dem fertigen Turm herauszieht und oben wieder
drauflegt. Die dadurch entstehenden Stockwerke werden gezählt. Welche Gruppe schafft die meisten Stockwerke, bevor der Turm einstürzt?

Tipp: Man kann das Turmbauen entweder vor oder nach
der Geschichte einplanen, beides ist passend. Besonders
eindrücklich wird die Geschichte, wenn man sie mit einem der gebauten Türme vor sich erzählt und Legomännchen, Playmobilfiguren o. Ä. zur Erzählung verwendet – allerdings geht dann am Ende der Turm langsam kaputt …
Falls die Zeit für alle Spiele reicht, kann man die jeweils
erreichten Punkte jeder Gruppe auch als „Turmbaustei-
ne" auf ein Plakat malen. Besonders schön ist es, wenn
die Kinder am Ende der Stunde noch eine kleine Erinnerung an die Geschichte erhalten: ein Holzbaustein, auf
dem die Bibelstelle und „Turmbau zu Babel" oder ein
passender Satz oder Bibelvers steht.

Die Zeit vergeht im Schneckentempo/
Abraham muss lange warten

Material: Uhr mit Sekundenzeiger oder Stoppuhr, Notiz-
zettel und Stift

Dauer des Spiels: 3 Minuten

Textbezug: 1.Mose 12,2 – Abraham ist 75 Jahre alt und ihm wird das erste Mal von Gott versprochen, dass er viele Nachkommen haben wird – noch hat er keine Kinder; 1. Mose 13,15 – Gott verspricht Abraham erneut Nachkommen; 1.Mose 15,3 – Abraham ist traurig, er hat immer noch keinen Sohn – Gott verspricht ihm einen Sohn und zeigt ihm die Sterne am Himmel, so viele Nachkommen soll Abraham haben; 1.Mose 16,1ff – Abraham ist enttäuscht, viel Zeit ist vergangen und er hat immer noch keinen Sohn – er versucht es auf eigene Faust und bekommt mit seiner Magd Hagar einen Sohn: Ismael; 1.Mose 17,1ff – Abraham ist mittlerweile 99 Jahre alt, Gott verspricht ihm wieder Nachkommen, zusammen mit seiner Frau Sara, er schließt einen Bund mit ihm; 1.Mose 18,10ff – Abraham bekommt Besuch von drei Männern, sie versprechen, dass Abraham in einem Jahr zusammen mit Sara einen Sohn haben wird – Sara belauscht dieses Gespräch und lacht ungläubig; 1.Mose 21 – Abraham ist mittlerweile 100 Jahre alt und bekommt zusammen mit seiner Frau Sara seinen Sohn Issak – nach 25 Jahren Wartezeit!

Abraham wartet auf seinen von Gott versprochenen Sohn. Das ist gar nicht so einfach, weil die Zeit verrinnt und nichts passiert. Abraham kommt es vor, als ginge es im Schneckentempo vorwärts und als hätte Gott die Zeit falsch eingeschätzt. Schließlich ist seine Frau Sara eigentlich zu alt, um überhaupt noch Kinder zu bekommen. Manchmal muss man ganz schön lange warten, bis das eintrifft, was Gott versprochen hat. Und manchmal verhält sich Gott ganz anders, als wir Menschen es gedacht und eingeschätzt hätten. Aber Gott ist da und er weiß am besten, was für uns das Beste ist. Den Zeitpunkt bestimmt Gott, bei Abraham und bei uns.

Spielvorschlag Schneckentempo

Alle Kinder stellen sich an die Startlinie. Zuerst wird ein ganz normales Wettrennen bis zur Ziellinie gemacht. Dann stellen sich alle wieder an die Startlinie und bekommen ihre Uhren abgenommen. Aufgabe ist nun, genau nach einer Minute an der Ziellinie anzukommen. Stehen bleiben und warten darf man nicht, man muss immer in Bewegung sein – in welchem Tempo, ob mal schneller oder langsamer, ob mit großen oder kleinen Schritten, entscheidet jeder selbst. Ein oder besser zwei Mitarbeiter stehen an der Ziellinie und notieren, welches Kind wann die Ziellinie überschreitet. Wer möchte, kann das Spiel noch einmal wiederholen und diesmal zwei oder sogar drei Minuten als Zeitraum angeben. Welches Kind schafft es am besten, seine Ungeduld zu zügeln und den Zeitraum richtig einzuschätzen?

Für die jüngeren Kinder, die noch keine Uhr kennen und eine Minute schlecht einschätzen können, sollte man sich zuerst gemeinsam vor eine große Uhr oder Stoppuhr setzen und die Kinder zuschauen lassen, wie lange der Sekundenzeiger weiterwandern muss, bis er eine Minute absolviert hat. Eine weitere Variante wäre, am Ziel Gummibärchen auszulegen, aber mit den Kindern gemeinsam zu laufen (am besten Hand in Hand) und das Tempo vorzugeben. Der Weg wird ihnen endlos lange vorkommen, und genau da kann man dann wieder an die biblische Geschichte anknüpfen.

Tipp: Neben dem Effekt, dass das Spiel zur Abrahamsgeschichte passt, hat es einen weiteren tollen Nebeneffekt: Die Kinder werden ruhig und leise, weil sie sich auf die Verlangsamung und Entschleunigung konzentrieren müssen. Es ist auch für andere Gelegenheiten ein ideales

Spiel, da es Ruhe in die Gruppe bringt und außer Uhr und Stift kein Material und keine Vorbereitungszeit benötigt.

Sortieren/David wird überraschend aus der Reihe seiner Brüder heraus als neuer König ausgewählt

Material: bei kleinen Gruppen evtl. Stühle

Dauer der Spiele: je Spielvorschlag 3-5 Minuten (stark abhängig von der Anzahl der Kinder)

Textbezug: 1.Samuel 16,1-13 – Die Salbung Davids, nachdem alle seine Brüder nach Größe und Stärke sortiert vor Samuel gestanden haben und keiner ausgewählt wurde.

Erzählvorschlag:

„Jetzt komm endlich du störrisches Vieh!" Samuel zieht an dem Strick, der der jungen Kuh um den Hals gebunden ist, doch die stellt sich stur, stemmt ihre Hufe in die braune Erde und will keinen Schritt weitergehen. Samuel brummt vor sich hin: „So komme ich nie in Bethlehem an. Zuerst gibt Gott mir den Auftrag, einen neuen König zu salben, dabei ist doch Saul unser König. Wenn der das erfährt, dann habe ich ganz schön Ärger." Samuel zupft am Wegrand ein paar Grasbüschel aus und hält sie der Kuh hin. Die schnappt sich das Gras und beginnt, genüsslich zu kauen. „Ja, ja, kau du nur. Du musst ja keine Angst vor König Saul haben. – Wobei, ein bisschen vielleicht schon. Schließlich hatte Gott die Idee, dass ich dich mitnehmen soll als Opfertier. Er hat gemeint, wenn ich dich mitbringe nach Bethlehem und wir dich für Gott opfern, dann merken die Menschen nicht, dass ich einen noch viel wichtigeren Auftrag habe. Ganz schön clever. Und Isai soll ich auch einladen zu dem Opfer. Einer von seinen vielen Söhnen soll der neue König werden. – Ich bin ja gespannt, was Gott vorhat. Ich weiß noch nicht mal, welchen von den Söhnen Isais ich zum König salben soll, dabei bin ich doch Gottes Prophet. Aber Gott hat gemeint, er zeige es mir dann. Na ja, einen zukünftigen König werde ich wohl schon erkennen." Samuel streichelt der Kuh über die Nüstern. „Oder was meinst du? Bestimmt ist der zukünftige König, den Gott ausgewählt hat, ein großer und stattlicher Mann. Nicht zu alt, denn er soll ja Schwung und Elan haben beim Regieren. Aber auch nicht zu jung, denn schließlich muss er ja erfahren sein. Die Minister und die Abgesandten der anderen Völker sollen Respekt vor ihm haben. Bestimmt ist der neue König auch stark und klug. Und vielleicht auch ein bisschen schön. Aber wichtiger ist, dass er groß ist; das macht Eindruck. Und dass er nicht so aussieht, als ob ihn der erste Windhauch umbläst. – Hast du noch immer Hunger?" Samuel führt die junge Kuh auf die Wiese am Wegrand. Denn wenn sie satt ist, dann ist sie bestimmt nicht mehr so stur und läuft besser mit. Um sich die Zeit zu vertreiben, malt Samuel mit einem Stab Linien in den Staub am Wegrand. Und dann beginnt er, sich den neuen König vorzustellen und zeichnet ihn in den Staub …

An dieser Stelle kann man eine Zäsur machen und auch die Kinder den König malen lassen, den sie sich vorstellen. Wie könnte ein „Idealkönig" aussehen? Wenn genügend Zeit vorhanden ist, darf mit Buntstiften gemalt werden, dann wirkt das Bild prächtiger. Wenn nicht so viel Zeit zur Ver-

fügung steht, dann malt jedes Kind nur mit Kugelschreiber oder Bleistift eine Skizze, so wie Samuel in den Staub.

Als die Kuh satt ist und sich wieder zu Samuel gesellt, betrachtet Samuel sein Werk. Ja, so könnte der neue König aussehen. Er ist jetzt schon gespannt auf den neuen König.

Samuel nimmt die Kuh am Strick und läuft die letzte Strecke Richtung Bethlehem. Die Kuh kommt willig mit und auch Samuel läuft zügig voran. Als er durch Bethlehem läuft, kommen ihm schon die wichtigen Männer der Stadt entgegen. Sie wissen, dass Samuel ein Mann Gottes ist und wollen wissen, ob seine Ankunft Gutes bedeutet. Natürlich möchten sie gerne wissen, warum Gott Samuel nach Bethlehem geschickt hat. Samuel beruhigt die wichtigen Männer und sagt ihnen, dass er keine schlechten Nachrichten bringt. Er sagt: „Ich habe einen schönen Grund zum Kommen. Gott hat mich hergeschickt mit dieser jungen Kuh, damit wir sie für Gott opfern. Bereitet euch darauf vor, geht nach Hause, wascht euch, zieht euch schön an und freut euch darauf, dass wir zu Gott beten. Und dann kommt zum Opferaltar." Auch Isai und seine Söhne lädt Samuel ein.

Als Samuel am Opferaltar steht und Isai mit seinen Söhnen ankommt, schaut er sich heimlich die Söhne ganz genau an. Eliab, der Älteste, steht ganz vorne. Er ist groß und kräftig. Samuel denkt sofort: „Klarer Fall, der ist es. Der älteste Sohn, das ist immer gut. Und dann noch so groß und kräftig, so muss ein zukünftiger König aussehen!" Aber in diesem Moment spürt Samuel, dass Gott zu ihm spricht. Kein anderer kann das hören, nur Samuel. Und Gott sagt zu Samuel: „Nein, Samuel, Eliab ist es nicht. Schau nicht auf sein Aussehen und auf seine Größe. Ich bin Gott, und ich schaue nicht mit menschlichen Augen. Ihr Menschen seht auf das Aussehen, ihr seht auf das, was ihr mit euren Augen sehen könnt. Wie groß und schön und wie stark jemand ist. Aber ich bin Gott. Ich schaue das Herz an. Ich sehe, ob es ein guter Mensch ist, ob er Gutes im Sinn hat, ob er mich liebt." Samuel macht kurz die Augen zu und schüttelt den Kopf. Eliab ist es also nicht. Er macht die Augen wieder auf und sieht, wie Eliab zu seinem Vater Isai geht. In dem Augenblick ruft Isai auch seinen nächstgrößten Sohn zu sich: Abinadab. Er läuft an Samuel vorbei und sofort denkt Samuel: „Ja, der wäre auch ein guter König. Auch groß und kräftig, und er hat so schöne Augen …" Aber schon wieder hört Samuel Gottes Stimme: „Nein, den habe ich auch nicht ausgewählt." Da ruft Isai seinen Sohn Schamma. Als er an Samuel vorbeiläuft, denkt Samuel: „Der sieht aber auch nett aus. Obwohl er nur der drittgrößte ist, wäre er bestimmt ein guter König, groß und stark, und er hat so schöne lange Haare. Darauf würde die Krone bestimmt prima aussehen." Und wieder hört Samuel Gottes Stimme im Ohr: „Samuel, den habe ich auch nicht ausgewählt. Ich habe dir doch gesagt, dass ich nicht auf das Äußere schaue. Ich sehe ins Innere von einem Menschen und weiß, ob er an mich glaubt und ob es ein guter Mensch ist – und ob dieser Mensch ein guter König werden kann, der so regiert, wie es in meinem Sinne ist."

Isai ruft einen nach dem anderen, doch auch beim vierten, fünften und sechsten Sohn hört Samuel immer wieder Gottes Stimme: „Den habe ich auch nicht ausgewählt."

Beim siebenten Sohn denkt Samuel: „Na ja, nun ist es ja einfach. Das ist der letzte von Isais Söhnen, der muss es ja jetzt sein." Er schaut sich den siebenten Sohn an und überlegt: „Na ja, der ist der kleinste von allen Isai-Söhnen, aber er macht auch keine schlechte Figur. Er ist trotzdem groß und gut gebaut, und er sieht sehr freundlich aus. Wenn der einen Königsumhang trägt, dann sieht er bestimmt gut aus als König." Doch in dem Augenblick hört er wieder Gottes Stimme: „Auch den habe ich nicht ausgewählt." Nun weiß Samuel nicht mehr weiter.

Samuel geht zu Isai. „Isai, ich weiß nicht, ob Gott es dir schon gesagt hat, aber er hat mit einem deiner Söhne etwas ganz Besonderes vor. Aber von denen hier ist es keiner. Hast du denn vielleicht noch einen Sohn, den du nicht mitgebracht hast?"

Isai schaut Samuel überrascht an. „Ja", antwortet er gedehnt, „Ich habe noch einen Sohn. Den allerkleinsten, den jüngsten. Aber der ist nicht dabei, der hütet die Schafe."

„Soso", denkt Samuel. „Der hütet die Schafe. Ein Junge, der Schafe hütet, den wird Gott ja kaum als König auswählen. Aber jetzt schauen wir ihn uns eben mal an, denn von den anderen sieben Söhnen ist es ja keiner." Samuel wendet sich an Isai und sagt laut: „Dann lass mal deinen jüngsten Sohn herholen."

Schnell eilen einige Leute los und holen den kleinen David. Als er dahergesprungen kommt, sieht ihn Samuel genau an. Er ist braungebrannt von der Sonne. Schöne Augen hat er und sieht gut aus. Er ist zwar noch ein Kind, aber er hat eine ganz freundliche Ausstrahlung.

Da hört Samuel Gott ganz deutlich sagen: „Samuel, der ist es. Auf, salbe ihn zum zukünftigen König, denn David habe ich ausgewählt."

Da holt Samuel sein Ölhorn mit dem kostbaren Salböl und ruft David zu sich. Um sie herum stehen Isai und die Brüder. Und einige andere wichtige Männer sind auch dabei und sehen zu, wie Samuel das wertvolle

Salböl nimmt und es David über den Kopf streicht. Alle schauen zu, wie David zum König gesalbt wird. Er bekommt noch keine Krone und keinen Königsumhang, aber diese Salbung zum König ist viel wichtiger. Sie ist das Zeichen, dass Gott David ausgewählt hat und dass David einmal König werden wird, wenn Gott die richtige Zeit dafür bestimmt hat. Der kleine David ist ziemlich überrascht. So klein ist er ja nun auch nicht mehr, aber als er von Samuel gesalbt wird, da spürt er, dass er noch ein bisschen erwachsener wird. Und er spürt, dass Gott es gut mit ihm meint und bei ihm ist.

Hier könnte man noch einmal die Gemälde der Kinder aufgreifen und sie betrachten. Ein einfacher Junge kann danebengemalt werden und darüber kommt der Bibelvers „David wird zum König gesalbt. – Ein Mensch sieht, was vor Augen ist; der Herr aber sieht das Herz an." 1.Samuel 16,7

Spielvorschlag „Sortierspiele"

Sortieren nach Größe
Alle Kinder stellen sich der Größe nach geordnet auf. Falls es sehr viele Kinder sind, kann man sie auch in zwei Gruppen (freie Einteilung oder auch getrennt nach Mädchen und Jungen) trennen, damit das Sortieren nicht endlos dauert.

Sortieren nach Alter
Die Kinder stellen sich in einer langen Reihe auf, sortieren sich selbst nach Alter.

Sortieren nach Geburtstagsmonaten
Die Kinder sortieren sich nach Geburtstagsmonaten.

Sortieren nach Schuhgröße/Sortieren nach Haarlänge

Hinweis: Das Sortieren an sich ist schon eine belebende und kommunikationsfördernde Aktion. Besonders lustig ist es, wenn sich die Kinder zu Beginn auf eine lange Reihe von Stühlen stellen und sich dann sortieren sollen, ohne von den Stühlen abzusteigen. Dies ist allerdings nur für eine begrenzte Anzahl von Kindern geeignet, da es bei einer großen Gruppe zu lange dauern und zu chaotisch werden würde.

Wer ist stärker/Kräftemessen zwischen David und Goliath

Material: siehe bei den einzelnen Spielvorschlägen

Dauer der Spiele: je Spielvorschlag 5-10 Minuten

Textbezug: 1.Samuel 17,1-50 – David und Goliath
Es ist ganz offensichtlich, dass David dem großen Goliath völlig unterlegen ist, genauso wie ein kleines Kind dem erwachsenen Mitarbeiter unterlegen ist. Trotzdem stellt sich David seinem Feind und fordert ihn heraus. Denn er weiß, dass Gottes Segen auf ihm liegt und Gott ihm zum Sieg verhelfen wird.

Spielvorschlag „Starker Goliath oder starker David?"

Starke Wäscheklammer
Material: Wäscheklammern
Jedes Kind erhält eine Wäscheklammer. Aufgabe ist, den Arm auszustrecken und eine Wäscheklammer mit zwei Fingern so lange wie möglich zusammenzudrücken. Wer zeigt hier die meiste Kraft und Stärke?

Krokodilkampf
Immer zwei Kinder legen sich gegenüber, sodass sich die Köpfe fast berühren. Auf das Startsignal des Mitarbeiters begeben sie sich in Liegestützenstellung und versuchen immer wieder, mit einer Hand den Stützarm des anderen Kindes wegzuhauen. Wer ist der Stärkere?

Hahnenkampf
Zwei ungefähr gleich große und starke Kinder treten gegeneinander an. Jedes Kind verschränkt seine Arme ineinander und stellt sich auf einen Fuß. Auf einem Bein

hüpfend gehen die beiden Kämpfenden nun aufeinander zu und rempeln sich mit den verschränkten Armen oder den Schultern an. Verloren hat, wer umkippt oder zuerst auf beiden Beinen landet.

Tipp: Besonders eindrücklich wird es, wenn die Spiele vor der Erzählung gespielt werden. Nachdem beim Hahnenkampf alle Kinder gegeneinander angetreten sind, fordert der Mitarbeiter das kleinste und zierlichste Kind heraus. Schnell wird klar, dass dies ungerecht ist, und die Kinder werden sicher protestieren. Dann kann erklärt werden, dass es eine Geschichte gibt, in der die Stärke der beiden Gegner genauso ungleichmäßig verteilt war und es allen sehr ungerecht erschien.

Immer wieder gefunden/Gott begleitet mich überall hin und ist überall schon da

Material: siehe bei den einzelnen Spielvorschlägen

Dauer der Spiele: 5-55 Minuten (variabel nach Anzahl und Wiederholung der ausgewählten Spiele)

Textbezug: Psalm 139,7-10 – Manchmal habe ich den Eindruck, ich werde gar nicht richtig wahrgenommen. In der Familie hören die Eltern manchmal mehr den anderen Geschwistern zu, in der Schule bin ich nur einer in der großen Masse – manchmal fühle ich mich allein und unbeachtet. Aber Gott ist immer für mich da. Er findet mich überall, egal, wo ich bin. Sogar wenn ich mich verstecke oder nichts mit ihm zu tun haben will, ist Gott einfach da und hat mich lieb, er kennt mich und findet mich. Er ist bereits da, bevor ich überhaupt ankomme. Er ist da, wenn ich glücklich und fröhlich bin, und er ist da, wenn ich traurig bin oder Angst habe, auch dann sucht er mich auf und ist bei mir.

Spielvorschläge „Verborgen-Gefunden-Wegrennen-Ankommen-Spiele"

Wer entdeckt es?
Material: Streichhölzer oder Legoduplosteine
Ein Kind wird vor die Tür geschickt, alle anderen Kinder erhalten ein Streichholz (bei jüngeren Kindergruppen einen größeren Gegenstand wählen, z. B. Legoduplostein). Jedes Kind darf nun sein Streichholz irgendwo an seinem eigenen Körper verstecken. Bedingung ist, dass noch ein kleines Stück (mindestens ein Drittel) zu sehen ist. Die Kinder stellen sich nun in einer Reihe auf, und das einzelne Kind (bei einer größeren Gruppe können es

auch zwei oder mehrere sein) wird hereingerufen. Aufgabe ist nun, in einer bestimmten Zeit so viele versteckte Streichhölzer wie möglich zu entdecken. Die Länge der Zeit richtet sich nach Anzahl der Kinder und nach dem Alter des „Suchkindes". Das suchende Kind kann selbst entscheiden, ob es ein Kind nach dem anderen mit den Augen absucht, oder ob es einfach an der Kinderreihe vorne und hinten vorbeigeht und versucht, im Vorbeilaufen so viele Streichhölzer wie möglich zu entdecken. Dieses Spiel kann beliebig oft mit unterschiedlichen „Suchkindern" wiederholt werden.

Variation: Bei sehr kleinen Gruppen darf jedes Kind mehrere Streichhölzer bei sich verstecken.

Verstecken

Es handelt sich um das gute, altbekannte Versteckspiel. Ein Kind schließt die Augen und zählt bis zu einer vorher vereinbarten Zahl. In der Zeit verstecken sich die anderen Kinder in einem zuvor festgelegten Umkreis im Haus, oder noch besser auf freiem Gelände. Die Kinder werden vom Suchkind so lange gesucht, bis alle Verstecke aufgedeckt sind. Möglich wäre, dass die schon gefundenen Kinder beim Suchen helfen dürfen. Es gibt noch andere Varianten des Versteckspiels, in dem sich nicht entdeckte Kinder heranschleichen und freischlagen dürfen. Dies bietet sich hier nicht an, da es in der Bibelstelle ja darum geht, dass Gott jeden findet und sich keiner um ihn herumschleichen kann …

Wecker verstecken

Material: tickender Wecker oder Küchenwecker

Irgendwo im Haus oder im Zimmer wird ein tickender Wecker versteckt. Entweder darf ein Kind suchen (falls nur im Zimmer, könnte man dies auch mit verbundenen

Augen tun) oder sogar die ganze Gruppe (die sich dann gegenseitig ermahnt, leise zu sein …). Der Wecker ist so eingestellt, dass er nach einer bestimmten Zeit klingelt. Schaffen es die Kinder, den Wecker vorher zu finden, haben sie gewonnen. Man könnte auch einen nicht tickenden Wecker oder einen anderen Gegenstand suchen lassen, dann wird es ein bisschen schwieriger.

Variation: Bei dem Wecker wird eine Süßigkeit versteckt, die es als Belohnung gibt, wenn der Wecker vor dem Klingeln gefunden wurde.

Wörter suchen

Material: zwei oder mehrere gleiche Zeitungen, Stifte, Textmarker

Die Kinder werden in zwei (oder mehr) Gruppen eingeteilt und erhalten jeweils die gleiche Zeitungsseite. Nun nennt der Spielleiter ein Wort, das irgendwo auf der Zeitungsseite zu finden ist. Aufgabe ist nun, das Wort so schnell wie möglich zu entdecken, zu umkreisen und dann laut „Gesucht und gefunden!" zu rufen. Dies kann mehrmals wiederholt werden. Wer am Ende die meisten Punkte gesammelt hat, ist Sieger. Sinnvoll ist natürlich, hier spezielle Wörter suchen zu lassen, die selten auf der Zeitungsseite vertreten sind. In einer zweiten Runde werden Textmarker verteilt und es sollen in einer begrenzten Zeit von 30 Sekunden (je nach Alter und Lesegeschwindigkeit der Kinder anpassen) möglichst viele Exemplare eines gesuchten Wortes angestrichen werden, z. B. „und" oder „der".

Nadel im Heuhaufen

Material: Zahnstocher oder gelbe Wollfäden, Heuhaufen

Die Zahnstocher (oder bei kleineren Kindern wegen der Verletzungsgefahr eher gelbe Wollfäden) werden unter einen größeren Heuhaufen gemischt. Bei einer kleinen Gruppe kann man jedes Kind einzeln suchen lassen, bei einer größeren Gruppe dürfen jeweils Kleingruppen auf die Suche gehen. Wer schafft es in welcher Zeit am erfolgreichsten zu suchen?

Wettrennen
Alle Kinder rennen um die Wette – wer ist Erster? Als Variation kann es auch ein Wettrennen mit Hindernissen (zum Beispiel auf einem Spielplatz über das Klettergerüst, im Zimmer über den Tisch, unterm Stuhl durch ...) sein. Wer ist der Schnellste?

Komm mit – Lauf weg
Alle Kinder stehen im Kreis, ein Kind steht außerhalb des Kreises. Das Kind läuft um den Kreis herum und tippt dann unvermittelt ein stehendes Kind an und ruft entweder „Komm mit" oder „Lauf weg". Bei „Komm mit" muss das angetippte Kind gemeinsam mit dem davonrennenden Kind einmal um den Kreis herumlaufen. Wer zuerst wieder in der dadurch entstandenen Kreislücke steht, hat gewonnen und darf stehen bleiben. Der Verlierer geht wieder auf „Komm mit-Lauf weg-Tour". Ruft das antippende Kind „Lauf weg" muss das angetippte Kind in die entgegengesetzte Richtung des antippenden Kindes laufen. Auch hier geht es darum, zuerst in der Lücke anzukommen.
Hinweis: Da es auch langsamere oder kleinere Kinder gibt, ist es sinnvoll, das antippende Kind auszuwechseln, wenn es mehrmals hintereinander zu langsam war.

Erwischt!
Alle Kinder bewegen sich frei, ein Kind ist der Fänger. Sobald der Fänger ein anderes Kind abgeschlagen und

laut „Erwischt!" gerufen hat, rennt es selbst davon und das abgeschlagene Kind wird zum Fänger. Beim Spiel im Freien ist es eventuell sinnvoll, das Gelände, in dem sich die Kinder bewegen dürfen, zu begrenzen, damit der Fänger auch eine Chance hat.

Du bist du/
Gott hat mich einzigartig geschaffen und mich bei meinem Namen gerufen

Material: Blankokärtchen, Stifte, Eimer

Dauer des Spiels: 5-15 Minuten (hängt stark von der Gruppengröße ab)

Textbezug: Psalm 139,14 (bzw. Verse 1-6 und 13-16); Jesaja 43,1
Gott spricht: Ich habe dich, XY, bei deinem Namen gerufen, du bist mein!
Gott hat mich als Original geschaffen, mit besonderen Gaben und Fähigkeiten, mit besonderen Merkmalen, mit einem ganz individuellen Fingerabdruck. Ich bin besonders für Gott, denn er wusste schon, wie ich mal aussehen und sein werde, als ich noch ganz klein im Bauch meiner Mutter war.
Gott schaut uns Menschen nicht als große Gruppe an. Jeden von uns ruft er bei seinem Namen und hat ihn lieb.

Spielvorschlag:

Ein Stuhlkreis wird gestellt. Auf jedem Stuhl klebt ein großes Namensschild mit jeweils einem Namen der Kinder aus der Gruppe. Die Namensschilder können entwe-

46

der vor Beginn der Gruppenstunde erstellt werden, oder man schreibt zusammen mit den Kindern die Namen auf. Dann setzt sich jedes Kind auf „seinen" Stuhl. Jedes Kind darf nun seinen Namen auf ein Kärtchen schreiben, einmal zusammenklappen und in einen Eimer werfen.

Der Spielleiter fragt nun immer wieder nach spezifischen Persönlichkeitsmerkmalen oder Äußerlichkeiten, z. B.:

Wer hat blonde (braune, schwarze, rote) Haare?
Wer hat schon einen oder mehrere Milchzähne verloren?
Wer wurde schon mal operiert?
Wer ist besonders hilfsbereit?
Wer hat hier im Raum eine/n besonders gute/n Freund/in dabei?
Wer ist schlampig?
Wer hat schon mal eine Eins geschrieben?
Wer hatte mal im Diktat keinen einzigen Fehler?
Wer hatte schon mal mehr als 20 Fehler im Diktat?
Wer kann sich gut Geschichten ausdenken?
Wer hat noch ein oder mehrere Geschwister?
Wer ist dickköpfig?
Wer schmust gerne mit den Eltern, dem Kuscheltier, dem Haustier?
Wer hat irgendwo eine Narbe?
Wer hat blaue (braune, grüne …) Augen?
Wer hat heute rote Socken an?
Wer hat im Juli Geburtstag?

Jedes Mal, wenn ein Kind die Frage zustimmend beantworten kann, darf es einen Platz weiterrutschen. Ziemlich oft landet es dabei auf dem Schoß eines anderen Kindes (manchmal sitzen auch mehrere Kinder aufeinander). Allerdings gilt die Regel, dass immer nur die Kinder weiterrutschen dürfen, die zuoberst sitzen. Wer also eine Frage beantworten kann und ein anderes Kind auf seinem Schoß hat, der hat Pech gehabt.

Zwischen den Fragen nimmt der Spielleiter immer wieder den Eimer zur Hand und zieht ein oder mehrere Namen heraus. Diese Kinder sind somit speziell bei ihrem Namen gerufen und dürfen auch einen Platz weiterrutschen. Die Namenskärtchen werden wieder zusammengefaltet und in den Eimer zurückgelegt. Somit gibt es immer wieder neu die Möglichkeit, beim Namen gerufen zu werden.

Ende des Spiels: Wer zuerst wieder an seinem Startplatz angelangt ist, hat gewonnen (bei sehr kleinen Gruppen dürfen es auch gerne zwei Runden sein …).

Tipp: Es bietet sich hier an, mit den Kindern zusätzlich noch etwas Einzigartiges zu gestalten, bei dem auch klar wird, dass jeder als Original von Gott geschaffen wurde, z. B. Hand- oder Fußabdrücke oder auch Fingerabdrücke. Wenn man diese mit dem Stempelkissen statt mit Fingerfarbe herstellt, sieht man mit bloßem Auge, oder noch besser mit der Lupe, die unterschiedlichen Rillenformen.

Spiele rund um Ernährung, Statuen, Feuer, Schrift und Löwen/ Daniel und seine Abenteuer

Material: siehe jeweilige Spielvorschläge

Dauer der Spiele: je Spielvorschlag zwischen 10 und 30 Minuten (variabel nach Alter und Anzahl der Kinder)

Spielvorschläge zu einzelnen Danielgeschichten:

Textbezug: Daniel 1 – Daniel und seine Freunde ernähren sich nur von Gemüse und Wasser, entgegen der Befürchtung des Hofbeamten sind sie gesünder und kräftiger als die anderen.

Gesunde Ernährung

Material: Obst, Gemüse, Messer, Schneidebrettchen, große Teller oder Platten, Tischsets oder Tonpapier in verschiedenen Farben, Bewertungskärtchen

Die Kinder werden in mehrere Gruppen eingeteilt – bei kleinen Gruppen kann auch jedes Kind für sich alleine arbeiten – und bekommen jeweils die gleiche Anzahl an Früchten und rohem Gemüse (z. B. Apfel, Banane, Kiwi, Karotte, Paprika …). Jede Gruppe bekommt ausreichend Messer, Schneidebrettchen, einen großen Teller/Platte zum Anrichten und ein Tischset. Jedes Tischset hat eine andere Farbe (alternativ: Tonpapierbögen). Die Aufgabe ist nun, das Obst und Gemüse möglichst „königlich" auf einem Teller anzurichten, und dies in einer begrenzten Zeit. Dies sollte so geschehen, dass man die Werke der anderen nicht sieht. Am Ende werden alle Teller samt Tischset vom Mitarbeiter abgeholt und auf einem Tisch ausgestellt. Nun erhält jede Gruppe Kärtchen in Anzahl der vorhandenen Gruppen. Diese sind von Null aufwärts durchnumeriert. Die Gruppen schauen sich die Teller an, beraten dann still für sich, wem sie welche Punktzahl geben und legen dann die Punktekärtchen verdeckt und kommentarlos neben dem jeweiligen Teller ab.

Zwei Regeln sind wichtig: Die Gruppen dürfen nicht verraten, welcher Teller ihnen gehört, da die Bewertung objektiv sein soll. Wer dies trotzdem tut, bekommt

Punktabzug. Außerdem ist es Pflicht, beim eigenen Teller die Null abzulegen, da man sich selber nicht objektiv bewerten kann. Geschummelt werden kann nicht, denn später muss bei jedem Teller eine Null liegen. Ist dies nicht der Fall, wird noch einmal neu bewertet. Am Ende hat die Gruppe mit den meisten Punkten gewonnen und darf sich setzen. Die anderen Gruppen müssen diese Siegergruppe nun in Kellner-Haltung bedienen, Obst und Gemüse auswählen lassen, fragen wie es schmeckt, Wasser nachschenken etc. Nach einiger Zeit dürfen sich dann auch die anderen dazusetzen und hören sich die Geschichte von Daniel 1 an.

Tipp: Wer noch mehr Zeit zur Verfügung hat, kann auch das Tischset gestalten lassen, indem der Tonkarton „königlich" angemalt wird. Eine weitere zusätzliche Alternative wäre ein lustiges Quiz zum Thema Ernährung, Vitamine etc., eventuell kombiniert mit weiteren „Bildungsaufgaben" und Tests zur schnellen Auffassungsgabe, da diese Fähigkeiten ja vom König gesucht wurden.

Textbezug: Daniel 2 – Der König träumt von einer Statue aus Ton, Eisen, Bronze und Gold. Daniel deutet den Traum.

Statuenbau

Material: Nägel, Goldpapier, Alufolie, Kartons, Joghurtbecher …, eine Heißklebepistole pro Mitarbeiter, Goldspray, Bronzespray, alternativ: Papier, Farben / Wasserfarben (und Pinsel), schwarzes Tonpapier

Zuerst wird mit den Kindern gemeinsam besprochen, ob sie wissen, was eine Statue ist. Sie dürfen erzählen, wo sie schon Statuen gesehen haben und wie Statuen aussehen können. Dann dürfen immer zwei Kinder ein drittes

Kind zu einer Statue biegen. Entweder frei nach Gefallen, oder jede Kleingruppe bekommt ein anderes Motto. Anschließend wird die Geschichte aus Daniel 2 erzählt. Danach dürfen die Kinder eigene Statuen herstellen: entweder jeweils eine Statue pro Kleingruppe, die dann irgendwo ausgestellt wird, oder jedes Kind darf eine Statue gestalten. Jedes zur Verfügung gestellte Material darf verwendet, angemalt/angesprayt werden. Allerdings sollten die Heißklebepistolen nur von den Mitarbeitern benutzt werden. Bei dem Statuenbau als Kleingruppenaufgabe kann sich immer ein Mitarbeiter für die Klebearbeiten zur Kleingruppe dazusetzen.

Tipp: Für die Statuen auch einen schweren und stabilen Untergrund einplanen, auf den sie geklebt werden. Sonst fallen die Statuen um und sehen nicht mehr sehr eindrucksvoll aus. Alternativ können die Statuen natürlich auch gemalt werden: entweder mit normalen Buntstiften in den entsprechenden Farben oder mit Wasserfarben in Gold, Silber etc.

Textbezug: Daniel 3 – Daniel und seine Freunde weigern sich, die Statue anzubeten und werden in den Feuerofen geworfen. Für sie ist dies kein „Spiel mit dem Feuer". Es ist zum einen nichts Lustiges, wie bei den hier aufgelisteten Spielen, sondern eine sehr ernste, schmerzhafte und normalerweise tödlich ausgehende Angelegenheit. Andererseits ist das Verweigern der Anbetung auch kein „Spiel mit dem Feuer"; denn ihnen geht es nicht um Provokation, sondern um ihren Glauben und ihre Treue an den einen Gott.

Feuerspiele

Material: Kerzen, Teelichter, Streichholzschachteln, Wasserpistolen

Kerzen anzünden

Jede Gruppe erhält 20 Teelichter und eine Schachtel mit drei Streichhölzern. Aufgabe ist nun, in 30 Sekunden die Teelichter möglichst schön in eine Reihe zu stellen, und in weiteren 45 Sekunden so viele Teelichter wie möglich anzuzünden. Erlaubt ist dies nur mit den drei Streichhölzern, keinen weiteren Hilfsmitteln. Wer schafft die meisten Kerzen? – Je nach Anzahl der Kinder kann man die beiden Aufgaben zwei verschiedenen Kindern zuteilen und das Spiel auch gegebenenfalls mehrmals wiederholen.

Hinter meinem Rücken

Aufgabe ist, hinter dem Rücken eine Kerze möglichst schnell zu entzünden. Wer kann dies am schnellsten? Achtung: Ein Mitarbeiter sollte hinter den „anzündenden Kindern" stehen und aufpassen, dass sowohl dem Kind als auch dessen Kleidung nichts passiert.

Zündende Zusammenarbeit

Jeweils zwei Kinder erhalten zusammen fünf Kerzen/Teelichter und eine ganze Schachtel Streichhölzer. Aufgabe ist nun, möglichst schnell die fünf Kerzen anzuzünden. Einschränkungen: Sobald eine Kerze angezündet ist, wird das Streichholz ausgeblasen. Für die nächste Kerze muss ein neues Streichholz verwendet werden. Außerdem darf nicht im üblichen Sinne ein Streichholz angezündet werden, sondern ein Kind hält das Streichholz und das andere die Schachtel. Gehen Streichhölzer kaputt, dürfen beliebig viele neue Hölzer verwendet werden.

Kerzen ausschießen mit Wasserpistolen

Pro Gruppe werden fünf brennende Kerzen nebeneinander aufgestellt. Aufgabe ist, diese aus entsprechendem Abstand mit Wasserpistolen so schnell wie möglich auszuschießen. Je nach Kinderanzahl darf sich entweder jedes Kind an den fünf Kerzen probieren oder es wird abgewechselt in einer Art Staffel. Witzige Alternative: Anstatt Wasserpistolen können auch Einwegspritzen verwendet werden. Pro „Schuss" muss diese dann in einem bereitstehenden Wassereimer neu aufgezogen werden – eignet sich auch gut als Staffelspiel.

Tipp: Natürlich sollte man darauf achten, dass sich die Kinder bei den Feuerspielen nicht verletzen. Man sollte die Kinder darauf hinweisen, dass Feuer in größerer Flamme heiß und gefährlich ist. Deswegen ist es ja ein Wunder gewesen, dass Daniel und seine Gefährten nicht verbrannt sind. Vielleicht ermuntert man hier die Kinder, zu erzählen, ob und wie sie sich schon einmal verbrannt haben.

Textbezug: Daniel 5 – Eine seltsame Schrift erscheint an der Wand, keiner kann sie entziffern. Auch das „Entziffern" der Rückenschrift fällt sehr schwer.

Die Schrift an der Wand
Immer zwei Kinder setzen sich hintereinander. Die vorne sitzenden Kinder schließen die Augen, die hinteren Kinder schauen zum Mitarbeiter, der ein bestimmtes Wort an die Tafel (Plakat, Tageslichtprojektor …) schreibt und dann wieder abwischt. Dieses Wort „schreiben" sie nun mit dem Zeigefinger auf den Rücken des vor ihnen sitzenden Kindes. Wie sie dies machen, bleibt ihnen überlassen: ob Buchstabe für Buchstabe oder das ganze Wort am Stück, ob spiegelverkehrt oder nicht … Die Regel ist nur, dass dabei kein Wort gesprochen wer-

den darf, auch keine Vermutungen vom „Ratekind", die das „Schreibkind" bestätigen oder verneinen könnte (außer evtl. bei jüngeren Kindern, die sonst überfordert wären). Sobald ein Ratekind denkt, es habe die Lösung, rennt es zum bereitstehenden Mitarbeiter und flüstert ihm die Lösung ins Ohr. Ist sie richtig, erhält dieses Kinderteam einen Punkt. Ist sie falsch, geht das Spiel weiter. *Tipp:* Die Wörter sollten nicht zu lang sein. Ideal ist natürlich, wenn sie auch etwas mit der bisherigen Geschichte zu tun haben, z. B. Namen wie Daniel, Abed-Nego oder Nebukadnezar, oder auch Gemüse, Statue …

Textbezug: Daniel 6 – Daniel in der Löwengrube
Die Löwen hatten noch viel mehr Hunger als in dem Spiel, und sie waren auch nicht zum Spielen da, sondern echt und ganz gefährlich.

Löwen füttern

Material: Ein Löwenkopf, der auf einen großen Pappkarton/Leintuch o. Ä. aufgemalt ist (mit aufgerissenem Maul, der Innenraum des Löwenmaules ist ausgeschnitten), Tennisbälle
Der Löwe wird aufgehängt und in entsprechender Entfernung stellen sich die Kinder auf und versuchen jeweils mit drei Würfen, in das Löwenmaul zu treffen und den Löwen zu füttern. Leider hat er auch nach der Fütterung immer noch schrecklichen Hunger und freut sich auf Daniel und seine Freunde ...
Tipp: Statt der Tennisbälle wirkt es natürlich noch cooler, wenn man den Löwen mit Plastiklebensmitteln füttert. Oft haben Haushalte mit kleineren Kindern vom Kaufladen oder der Kinderküche „falsches" Obst, Plastikhotdogs, Hähnchenkeulen oder Ähnliches, was noch echter aussieht ...

Hochzeitstorte fertigen und verzieren/ Die Hochzeitstorte und der gute Wein in Kana

Material: Biskuitböden, Schlagsahne, Obst/Dosenobst, Dessertfruchtsoßen, Schokostreusel, Krokantstreusel, Schokoplättchen, Kekse, Minischokoküsse, Puderzucker, Zitronensaft, rote Marmelade, Lebensmittelschriftfarben – und was sonst noch so schmeckt und sich gut verwerten lässt ..., Wunderkerzen, Feuerzeug

Dauer der Tortenentstehung: 10-20 Minuten

Textbezug: Johannes 2,1-11 – Auch die Hochzeitsgäste in Kana feiern ein großes Fest mit leckerem Essen, vielleicht gab es eben eine solche Hochzeitstorte. Als der Wein ausging und Jesus aus Wasser Wein machte, waren alle verblüfft – und der Wein schmeckte noch besser als der Traubensaft für die Kinder ...

Spielvorschlag „Hochzeitstorte herstellen":

Die Kinder erhalten die gesamten Konditorenzutaten und bekommen die Aufgabe, eine Hochzeitstorte herzustellen. Je nachdem wie viel Zeit zur Verfügung steht, kann die Schlagsahne selbst geschlagen werden, aus Puderzucker und Zitronensaft weißer dickflüssiger „Kleber" und mit Zusatz von roter Marmelade rosa Kleber hergestellt werden. Oder alles wurde schon vorbereitet und muss nur noch kreativ geschichtet werden. Wie die Tortenböden gestapelt, geschnitten, geschichtet, verziert etc. werden, ist der Fantasie der Kinder überlassen. Allerdings gilt die Regel, dass nicht (oder so wenig wie möglich) genascht werden darf.

Kleinere Kindergruppen können eine Hochzeitstorte gemeinsam herstellen, eine größere Kinderzahl wird in kleinere Konditorenteams aufgeteilt.

Am Ende wird aufgeräumt und die Torte auf einem schön gedeckten Tisch platziert. Der Raum wird abgedunkelt und die Kinder werden hereingeführt, sobald die Wunderkerzen in der Torte stecken und entzündet wurden.

Nach der feierlichen Zeremonie dürfen sich alle setzen und am Festmahl laben.

Während die Kinder naschen und essen, wird die Geschichte von der Hochzeit zu Kana erzählt.

Tipp: Besonders eindrücklich wird die Feier, wenn es zuerst ein Glas Wasser zu trinken gibt und dann wird plötzlich roter Traubensaft aufgetischt.

Münzspiele/Zachäus und sein Geld

Material: verschiedene Münzen in ausreichender Anzahl (siehe Spielbeschreibungen), evtl. Stoppuhr

Dauer der Spiele: 5-10 Minuten je Spielvorschlag

Textbezug: Lukas 19,1-10

Erzählvorschlag:

„Zwei Münzen, fünf Münzen, ah, hier noch mal zehn Münzen, das macht zusammen – ähm ..." Der Mann schaute auf die vielen Geldhäufchen mit den Münzen. Vor ihm auf dem Tisch lagen viele Haufen mit Geldmünzen. „Ähm, also das macht zusammen 387 – sehr gut." Er schaute zufrieden. Das war zwar nicht ganz so viel, wie er gestern verdient hatte, aber es konnte sich trotzdem sehen lassen. Er liebte das Geld und das Geklapper von Münzen. Und er liebte seinen Beruf, in dem er immer mit Geld zu tun hatte. Den ganzen Tag klimperte Geld in seiner Kasse. Nein, er war kein Bankangestellter, sondern Zolleinnehmer. Zöllner. Er stand am Eingangstor der Stadt, und jeder, der etwas in der Stadt gekauft hatte und nun mit nach Hause nahm, musste Zoll zahlen. Die Zolleinnahmen gingen an den römischen Kaiser. Aber weil der Kaiser keine Lust und keine Zeit hatte, den Zoll selbst einzusammeln, vermietete er die Gebiete an jüdische Zolleinnehmer. Die verlangten von den Leuten den Zoll und lieferten das Geld an den Kaiser ab. Aber weil sie ja selbst auch etwas verdienen wollten, verlangten sie einfach noch mehr Zoll. Ein bisschen mehr. Manche von ihnen auch ganz viel mehr. Das war ganz schön ungerecht, aber dafür wurden sie ganz schön reich.

Unser Zöllner war auch so einer. Sein Name war Zachäus. Er kassierte jeden Tag den Zoll für den Kaiser, aber er verlangte viel mehr. Und abends machte er dann seine Münzhäufchen. Der eine Teil war der, den er dem Kaiser geben musste. Das war schon Einiges. Aber noch viel mehr behielt er für sich. Zachäus war ganz schön reich. Zwar konnte ihn keiner leiden, weil er so ungerecht war, aber dafür hatte er viel Geld. Und deshalb war auch seine liebste Beschäftigung Geld zählen, Geld anschauen, Geld befühlen und raten, welches Geldstück er in der Hand hatte, Geldhäufchen machen und noch viel mehr Geldspiele.

Eines Tages staunte Zachäus. Eigentlich war es ein ganz normaler Tag, aber es war besonders viel los auf der Straße. Alle eilten in die Stadt, die Menschen tuschelten miteinander und gestikulierten wild. Was war denn hier los? Zachäus überlegte. Es war kein Markttag, und ein besonderer Besuch hatte sich doch auch nicht angekündigt. Er stellte sich vor seine Zollstation und stoppte einen Mann, der eilig vorbeirennen wollte. „Ich habe nichts dabei, ich muss keinen Zoll zahlen!", rief der Mann empört. „Ja, ja", brummte Zachäus, „sehe ich doch. Aber warum rennen so viele Leute in die Stadt? Was ist hier los?" Der Mann schaute Zachäus an. „Hast du denn nichts gehört? Jesus kommt in die Stadt. Manche sagen, er sei ein Wunderheiler, und manche sagen, er könne ganz tolle Geschichten erzählen. Aber die meisten Menschen denken, er sei der Messias, auf den wir schon so lange warten. Er wird uns helfen. Sie sagen, er sei Gottes Sohn. – Kann ich jetzt endlich weiter? Ich will vorne an der Straße stehen, wenn Jesus ankommt. Den muss ich mir unbedingt anschauen!" Zachäus ließ den Mann weiterrennen und wunderte sich. Ein Wunderheiler? Gottes Sohn? Na ja, er wusste ja auch nicht, ob das wahr war. Immer mehr Menschen strömten zu der Hauptstraße und stellten sich dort auf. Zachäus überlegte: „Es kann nicht schaden, diesen Jesus mal anzuschauen. Der muss auf jeden Fall etwas Besonderes sein, so wie die Menschen sich hier aufführen. Und wenn er tatsächlich Gottes Sohn ist, dann will ich sehen, wie er aussieht." Zachäus nahm sich seinen großen wichtigen Schlüssel und schloss sein Zollhäuschen zu. Dann eilte er los zu der großen Menschenmenge. Doch es waren so viele Menschen, dass Zachäus nicht durchkam. Und vor allem sah er überhaupt nichts.

Aber Zachäus war kein sehr großer Mann. Und da er auch nicht beliebt war, ließ keiner der Zuschauenden ihn vorbei. Jetzt ärgerte sich Zachäus erst recht. Doch dann entdeckte er den Baum. Vor ihm stand ein Baum, und der stand da genau an der richtigen Stelle. Er raffte sein Obergewand zusammen, steckte es in seinen Gürtel, damit er besser klettern konnte, und stieg auf den Baum. Ein schöner starker Ast zeigte in Richtung Straße, und auf den setzte er sich gemütlich. Zachäus freute sich. Er sah die ganze Straße hinauf und hinunter, er hatte sogar Schatten und konnte auf dem Ast ein bisschen wippen. Ein prima Platz. Und als er sich noch freute, sah er eine Gruppe von Menschen die Straße entlang laufen. Es waren mehrere Männer, die sich unterhielten. Sie sahen aus, als wären sie sehr gut befreundet. Aber welcher davon war Jesus? Zachäus war enttäuscht: Wenn dieser Jesus tatsächlich Gottes Sohn ist, dann müsste man den doch erkennen, oder? – So dachte er.

Als die Gruppe näher kam, begannen manche Menschen zu rufen: „Da kommt Jesus, unser Messias, Gottes Sohn!" „Hallo Jesus, bist du unser Retter, der uns hilft? Uns geht es nicht gut, weil die Römer über uns befehlen dürfen!" Zachäus überlegte: „Na ja, vielen Juden geht es wirklich nicht so gut, weil die Römer hier befehlen dürfen. Aber ich bin auch Jude, und mir geht es gut. Die Römer bezahlen mich dafür, dass ich Zöllner bin." Die Männer kamen näher und Zachäus schaute sich die Gesichter genau an. Der in der Mitte, der sah besonders freundlich aus. Der lächelte alle so nett an, im Vorübergehen strich er manchen Kindern über den Kopf, und man hatte den Eindruck, dass er allen zuhörte, die ihm etwas zuriefen. „Jesus, meine Frau ist krank, kannst du sie gesund machen?" „Jesus, bist du wirklich Gottes Sohn?" „Jesus, erzähl uns etwas von Gott!"

Jesus schaute nach links und nach rechts – und blieb ganz plötzlich stehen, genau unter dem Baum von Zachäus. Zachäus hielt den Atem an. Da schaute Jesus hoch. Er schaute Zachäus an und sagte: „Ich bin Jesus. Und ich möchte dich gerne bei dir zu Hause besuchen. Komm schnell von deinem Baum herunter!"

Was? Zachäus wäre fast vor Schreck vom Baum gefallen, und auch die Leute unter ihm begannen zu tuscheln. „Was hat er gesagt? Er will Zachäus zu Hause besuchen?" „Ja, hat er gesagt, echt! Das kann ja wohl nicht wahr sein. Wenn Jesus wirklich Gottes Sohn ist, dann wird er bestimmt nicht so einen Betrüger wie Zachäus besuchen."

An dieser Stelle wird die Erzählung abgebrochen und es gibt verschiedene Möglichkeiten, wie man weiterarbeiten kann:
- Impulsfragen in die Kindergruppe: Soll Zachäus vom Baum herunterklettern oder nicht? Wie reagieren wohl die anderen Leute? Kommt Jesus jetzt zu Zachäus nach Hause oder nicht? Was spricht dafür, was dagegen? Soll Zachäus Jesus überhaupt zu sich nach Hause einladen? Was hat er davon? Was

könnte dann passieren (Konsequenzen für ihn? Wie reagieren die anderen Leute?)?
- Rollenspiel, wie die Geschichte weitergehen könnte. Für Kinder, die den Ausgang der Geschichte nicht kennen, könnte man verschiedene Variationen durchspielen. Kinder, die bereits die Zachäusgeschichte kennen, kann man ermuntern, sich trotzdem verschiedene Schlussmöglichkeiten zu überlegen.
- Geschichte in einer für Kinder gut verständlichen Bibel nachschlagen lassen und die Kinder selber bis zum Ende lesen lassen.

Spielvorschlag „Geldspiele":

Münz-Druck-Staffel
Die Kinder werden in zwei oder mehrere Gruppen von jeweils mindestens fünf bis höchstens zehn Personen eingeteilt. Jede Kindergruppe setzt sich in einer Reihe hintereinander. Nun wird den Kindern erklärt, dass jeweils das erste Kind pro Gruppe, das ganz vorne sitzt, zum Mitarbeiter kommen soll und dort eine Münze zu sehen bekommt. Der Mitarbeiter zeigt entweder Kopf oder Zahl. Dann sollen die Kinder zu ihrer Gruppe rennen und ohne Worte oder sonstige Zeichen (am besten lassen die anderen Kinder die Augen zu, damit nicht geschummelt wird), nur per Händedruck, weitergeben, ob es sich um Kopf oder Zahl handelt. Dies funktioniert konkret so, dass sich zuvor jede Gruppe für sich zusammensetzt und ein Händedruckzeichen für Kopf und ein anderes Händedruckzeichen für Zahl überlegt. Wie das Händedruckzeichen aussieht, bleibt der Gruppe überlassen. Das erste Kind gibt nun das Zeichen an das zweite Kind weiter, dieses an das dritte, etc. Sobald es beim letzten Kind der Reihe angekommen ist, rennt die-

ses Kind zum Mitarbeiter und nennt ihm Kopf oder Zahl. Gewonnen hat die Gruppe, die am schnellsten die richtige Antwort „weitergedrückt" hat. Natürlich kann und sollte dieses Spiel mehrmals gespielt werden. Es bietet sich an, jeweils das letzte Kind nach vorne rutschen zu lassen, sodass jeder einmal „der erste Drücker" sein darf.

Münzwert-Druck-Staffel
Dieses Spiel funktioniert vom Spielprinzip und vom Aufbau her wie das vorhergehende. Nur geht es dieses Mal nicht um Kopf und Zahl, sondern um 1 Cent, 2 Cent, 5 Cent, 10 Cent und 50 Cent (bei älteren Kindern kann man es noch erschweren, indem zusätzlich noch 20 Cent und 1 und 2 Euro dazukommen). Wieder dürfen die Kinder selbst ausmachen, welche Drückzeichen sie für welchen Münzwert verwenden.

Münzen ertasten
Entweder mit verbundenen Augen oder unter einem Tuch oder hinter dem Rücken sollen die Kinder unterschiedliche Münzen (1 Cent, 5 Cent, 20 Cent etc.) ertasten und richtig benennen.

Münzen aufklauben
Ein Berg Centmünzen liegt auf dem Boden. Die Kinder kommen nacheinander an die Reihe und versuchen in möglichst kurzer Zeit sämtliche Münzen aufzuheben. Die Zeit wird gestoppt und am Ende wird geschaut, wer die flinksten Finger beim Geldaufsammeln hatte. Alternativ können auch zwei oder mehrere Münzenhaufen (natürlich mit der gleichen Anzahl) ausgeleert werden und die Kinder sammeln parallel um die Wette.
Variation: Die Münzen müssen in eine Glasschale gefüllt

werden, aufgehoben werden darf nicht mit den Händen,
sondern nur mit einem Kaffeelöffel (alternativ Zucker-
zange, Fingerhandschuhe, Fausthandschuhe, Sand-
schaufel …).

Münzen zählen
In einem Geldbeutel sind viele Münzen unterschiedlichen Wertes. Die Zeit wird gestoppt, wie lange es dauert, bis der korrekte Betrag zusammengezählt wurde.
Dies kann in kleinen Gruppen ein Spiel für einzelne Kinder sein, in größeren Gruppen kann es auch als Gruppenaufgabe geschehen. Alternativ können natürlich
mehrere Geldbeutel mit dem gleichen Betrag präpariert
werden, sodass das Spiel in mehreren Gruppen parallel
ablaufen kann.

Münzhäufchen
Die Kinder werden in zwei oder mehrere Gruppen eingeteilt. Jede Gruppe erhält eine größere Menge Münzen
und soll den höchsten Münzturm stapeln. Die Kinder
müssen nicht alle Münzen verarbeiten, sondern können
auch aufhören, wenn sie den Eindruck haben, dass er
sonst umfallen würde. Nach 60 Sekunden (oder mehr, je
nach Menge der Münzen) wird gestoppt und mit einem
Lineal gemessen, wer den höchsten Münzturm gebaut
hat. Der Wert der verwendeten Münzen ist unerheblich.

Tipp: Die Spiele eignen sich gut als Vertiefung zur Geschichte, man kann auch bei Zeitknappheit nur ein einzelnes Spiel auswählen. Interessant ist es aber auch,
wenn man zuerst die Geldspiele macht und dann den
Kindern erklärt, dass es vor langer Zeit auch einen
Mann gab, der sich sehr gut mit Geld auskannte. Der
Geld so liebte, dass er wahrscheinlich alle Spiele lässig

gewonnen hätte, weil er jeden Tag mit Geld zu tun hatte. So wird das Interesse für die Geschichte geweckt und man kann in der Geschichte den Spaß an den Geldspielen einbauen und die Kinder so miteinbeziehen.

Schwieriges Zieletreffen/ Auch beim Sämann geht was daneben

Material: Erbsen (trocken), braune Flaschen, Tücher oder Papier in grau, grün, schwarz

Dauer des Spiels: 5-10 Minuten

Textbezug: Lukas 8,4-15 – Ebenso wie beim Zielen mit den Erbsen auf die Flasche geht auch dem Sämann einiges daneben. Manches von der Saat trifft auf den guten Boden (braune Flasche, deshalb zehn Punkte), aber manches landet auch daneben im Unkraut (grünes Tuch / Papier – geht zuerst auf und erstickt dann zwischen dem Unkraut, deshalb zwei Punkte), auf Felsen (grau – geht zuerst auf und vertrocknet dann, deshalb einen Punkt) oder auf dem Weg (schwarz – wird gleich zertreten oder aufgepickt, deshalb keinen Punkt).

Erzählvorschlag:

„Ich sag's dir, aus sämtlichen Städten hier aus der Umgebung kommen die Leute!", sagte Micha. „Echt?", staunte Johanna. „Und warum kommen so viele Menschen von überall her?" Micha schaute sie erstaunt an. „Das weißt du nicht? Die sind doch alle wegen Jesus da. Sie wollen zuhören, was Jesus sagt." „Jesus?", fragte Johanna. „Wer ist das?" Micha starrte seine Freundin an. Wollte sie ihn jetzt ärgern oder wusste sie tatsächlich nicht, wer Jesus war? Aber Johanna sah ihn so fragend an, dass er es ihr erklärte. „Also, Jesus ist ein ganz bekannter Mann. Er zieht mit seinen Freunden durch das Land. Jesus kann Leute gesund machen, sogar solche, die sehr schlimm krank sind. Er hat Blinde wieder sehend gemacht, und Lahme konnten wieder gehen." Johanna staunte. „Dann ist er ein berühmter Arzt?" Micha schüttelte den Kopf. „Nein, eigentlich nicht. Er kann auch Wunder tun. Er kann zum Beispiel aus Wasser Wein machen oder auf dem See laufen ohne unterzugehen." Johanna nickte. „Dann ist er also ein Zauberer und kann besondere Kunststücke." „Nein, auch nicht", schüttelte Micha den Kopf. „Er sagt, er sei Gottes Sohn. Und deshalb kann er das alles. Das sollen Zeichen sein, damit die Leute verstehen, dass er wirklich Gottes Sohn ist. Überall, wo er gerade ist, erzählt er von Gott, seinem Vater. Er erklärt den Menschen, wie sie an Gott glauben können, wie sie zu ihm beten sollen und wie Gott ist. – Das ist ganz schön spannend, und es ist ja auch sehr wichtig. Deshalb kommen so viele Leute von überall her. – Was ist, hast du auch Lust, Jesus zuzuhören?" Johanna nickte. „Klar." „Also gut, dann komm, da vorne auf dem Marktplatz will Jesus zum Sonnenuntergang hinkommen."

Johanna und Micha liefen zum Marktplatz, auf dem sich schon eine große Menschenmenge versammelt hatte. Es waren tatsächlich Menschen aus allen umliegenden Städten gekommen, die meisten kannten Micha und Johanna gar nicht. Dummerweise waren schon so viele Leute da, dass sie nichts sehen konnten. Und keiner wollte sie durchlassen. Doch auf einmal ging ein Raunen durch die Menge. Eine Gruppe von Männern kamen näher. Und so, wie die Leute starrten und tuschelten, waren das bestimmt Jesus und seine zwölf Freunde. Die Menschen machten Jesus Platz, damit er in der Mitte des Marktplatzes auf einer kleinen Erhöhung stehen konnte. Johanna und Micha nutzten das aus und huschten schnell hinter den Freunden von Jesus her, bevor die Menschen wieder zu sehr drängelten und den Durchgang blockierten. Nun standen sie direkt vor Jesus. Jesus wandte sich zu den Menschen und begann zu erzählen:

„Ein Bauer ging auf sein Feld und nahm seine große Tasche mit Samenkörnern mit. Als er angekommen war, fasste er in die Tasche und nahm eine ganze Handvoll Samen heraus. Er lief los und streute dabei mit seiner Hand die Samen auf sein Feld. Wenn die Hand leer war, fasste er wieder in die Tasche und holte neuen Samen heraus. So schritt er sein ganzes Feld ab und säte dabei den Samen fürs Getreide.
Dabei fielen einige Körner auf den Feldweg. Sie wurden zertreten und von den Vögeln aufgepickt. Andere Körner fielen auf felsigen Boden. Sie gingen auf, aber weil es auf dem felsigen Boden nicht feucht genug war, vertrockneten sie. Einige Samenkörner fielen zwischen die Disteln und das andere Unkraut, in dem die junge Saat bald erstickte. Die übrigen Körner fielen auf guten Boden. Die Erde war feucht und warm, der Samen keimte, bekam Wurzeln und das Getreide wuchs heran. Als es ganz hoch gewachsen war, brachte der Bauer eine reiche Ernte ein. Hört auf das, was ich euch sage!"

Die Leute murmelten und sahen Jesus an. Aber der war wohl mit seiner Geschichte fertig, denn er stand nur noch mit seinen Freunden zusammen. Nach und nach gingen die Menschen wieder nach Hause und unterhielten sich eifrig über das, was Jesus erzählt hatte. Sie kannten sich aus mit Säen und Ernten, und sie wussten, dass Jesus recht hatte. Aber warum hatte er ihnen das erzählt? Er sollte doch von Gott erzählen und nicht vom Getreide. Auch Johanna und Micha wunderten sich über die Geschichte. „Du, Micha", fragte Johanna, „du hast doch gesagt, Jesus wäre Gottes Sohn? Warum redet er dann vom Getreide?" Micha überlegte. „Na ja, manchmal erzählt Jesus nicht von Gott und eigentlich doch. Manchmal erzählt Jesus ein Beispiel, und dann sollen wir nachdenken, was es für uns und für unseren Glauben bedeutet." „Jesus macht es aber schwierig", murrte Johanna. „Aber auch spannend, oder?", entgegnete Micha. Da hörten sie auf einmal, wie die Freunde von Jesus, die noch ganz in ihrer Nähe standen, Jesus etwas fragten. „Du, Jesus, was wolltest du denn jetzt mit diesem Gleichnis sagen?" Als Micha und Johanna das hörten, grinsten sie sich spitzbübisch zu. Na also, sogar die Jünger kapierten wohl nicht immer, was Jesus wollte. „Ich glaube, die müssen auch noch das Nachdenken üben!", raunte Johanna Micha zu. Der nickte lächelnd und legte dann aber den Finger an die Lippen. Er war gespannt, was Jesus sagen würde.

Jesus antwortete seinen Freunden: „Das Samenkorn ist Gottes Wort. Das wird überall erzählt, überall hingestreut. Der Feldweg ist ein Beispiel für die Menschen, die Gottes Wort gehört haben. Aber dann bleibt Gottes Wort nicht in ihrem Herzen. Vielleicht wird es weggenommen, wenn sie sagen: ‚An Gott glauben ist zu einfach, das machen doch nur kleine Kinder, das stimmt alles gar nicht.'
Der felsige Boden soll ein Beispiel für die Menschen sein, die das Wort Gottes hören und bereitwillig aufnehmen. Aber alles bleibt an der Oberfläche. Eine Zeitlang

sind sie begeistert, doch dann werden ihnen wieder andere Sachen wichtiger. Sobald sie wegen ihres Glaubens in Schwierigkeiten kommen, geben sie auf.

So ähnlich ist es auch mit dem Samen, der zwischen das Unkraut fällt. Das ist ein Beispiel für die Menschen, die Gottes Wort hören, bei denen aber alles beim Alten bleibt. Sie finden Gott schon gut, aber sie möchten nichts verändern, sie wollen trotzdem nichts den anderen abgeben und sind neidisch. Viele andere Sachen sind ihnen doch noch wichtiger als Gott.

Aber es gibt auch den fruchtbaren, guten Boden. Das ist ein Beispiel für die Menschen, die Gottes Wort bereitwillig und ehrlich annehmen. Die ganz genau zuhören, wenn ihnen etwas über Gott erzählt wird, und die dann auch das machen möchten, was Gott will. Der Same kann in ihnen wachsen und reiche Frucht bringen."

Nun stand Jesus auf und lief los, und seine Freunde folgten ihm. Sie dachten über seine Worte nach und versuchten zu verstehen, was Jesus gesagt hatte.

Johanna und Micha saßen immer noch an ihrem Platz und waren zuerst ganz still. Micha schaute Johanna an. „Hast du alles verstanden, was Jesus erklärt hat?", wollte er wissen. „Ja, eigentlich schon", erwiderte Johanna. „Man muss echt ein bisschen über die Geschichte nachdenken, aber dann ist es ein gutes Beispiel, oder? Ich kann es mir gut vorstellen, wie ein Bild. Aber am Schluss, da sagte Jesus was von denen, bei denen der Same auf guten Boden fällt. Also von den Menschen, die etwas von Gott hören und die dann auch gerne hinhören und alles so machen möchten, wie Gott das will. Da sagte Jesus, der Same könne in ihnen wachsen und reiche Frucht bringen. Was könnte Jesus damit gemeint haben?" Sie sah Micha an. Konnte er es erklären?

An dieser Stelle wird die Erzählung unterbrochen und mit den Kindern gemeinsam überlegt, was Micha antworten und Johanna erklären könnte. Finden die Kinder Beispiele dafür, was dies für eine Same ist, der wachsen und reife Frucht bringen kann?

Spielvorschlag „Erbsen säen":

Die Kinder spielen entweder für sich alleine oder in Gruppen. Eine braune Flasche steht auf dem Boden, um die Flasche sind drei Tücher oder Papiere gelegt in grau, grün und schwarz. Ein Kind stellt sich auf einen Stuhl

und lässt nun zehn (wer mehr Versuche ermöglichen will, auch 20) Erbsen in die Flasche fallen. Die allermeisten Erbsen werden daneben springen und sich rundum verteilen, nur die allerwenigsten treffen in die Flasche. Erbsen, die in der braunen Flasche landen, sind zehn Punkte wert, auf grauem Papier einen Punkt, auf grünem Papier zwei Punkte und auf schwarzem Papier gar keinen Punkt.

Tipp: Bei kleineren Kindern bietet es sich an, eine Vase mit größerer Öffnung zu nehmen damit die Frustration nicht so groß ist. Sinnvoll ist es, das Spiel vor der Geschichte zu machen. Dann wird die Erzählung für die Kinder eindrücklicher (kann dann auch in einem Nebensatz in die Erzählung eingebaut werden: „… fiel daneben, so wie auch von euren Erbsen welche daneben fielen …").

Angst und Geborgenheit/ Hab keine Angst, ich mache dich stark, ich helfe dir und beschütze dich!

Material: siehe bei den einzelnen Spielen und Aktionen

Dauer der Spiele: je nach Spielvorschlag zwischen 5-15 Minuten (variabel je nach Gruppengröße)

Textbezug: Jesaja 41,10 / Jesaja 41,13 – Es gibt vieles, was mir Angst macht und vieles, vor dem ich mich fürchte. Manches gebe ich offen zu, manches verrate ich niemandem. Gott hilft mir in meiner Angst, denn er ist immer für mich da und ist bei mir. Er ist aber keiner, der die Angst weg zaubert. Manchmal hilft es mir schon, zu wissen, dass Gott bei mir ist und meine Angst geht weg.

Manchmal ist meine Angst aber trotzdem noch da. Aber ich bin damit nicht alleine, denn Gott ist bei mir. Das macht mir Mut und macht mich stark.

Spiel- und Aktionsvorschläge zum Thema „Angst- und Geborgenheit":

Erschreck dich!
Ein Kind setzt sich einem zweiten gegenüber. Nun beginnt es zu erzählen (von der Schule, von zu Hause o. Ä.). Ganz unerwartet zwischendrin darf es „Erschreckattacken" einbauen. Dies bedeutet, es darf unversehens „Buh!" schreien, oder ganz plötzlich aufspringen und Krallenhände formen oder was auch immer. Berühren des anderen Kindes ist nicht erlaubt. Jedes Mal, wenn das andere Kind erschrickt und zusammenzuckt, wird ein Punkt notiert. Danach werden die Rollen getauscht.

Gebärden nachspüren
Einige Kinder stellen sich in einem Kreis auf und formulieren mit den Armen Drohgebärden. Ein einzelnes Kind kauert sich ganz klein zusammen und verschränkt die Arme über dem Kopf.
Anschließend steht das kauernde Kind auf und die anderen Kinder lächeln es an und schließen es behutsam und liebevoll in die Arme.
Wichtig ist, dass beide Aktionen dicht hintereinander liegen, damit das Bild der Angst nicht hängen bleibt, sondern das Beschützen und die Geborgenheit nach der Angst.

Du bist geliebt, du bist klasse

Material: Stifte, Papier

Alle Kinder sitzen rund um einen Tisch. Jedes Kind nimmt sich ein Blatt Papier und schreibt oben seinen Namen darauf. Das Blatt darf gerne auch verziert werden, damit es etwas ansprechender aussieht.

Anschließend wird das Blatt nach rechts zum nächsten Kind gereicht. Nun liest man den oberen Namen und schreibt einen Satz darüber, was man an diesem Kind gut findet, was man an diesem Kind mag. Danach werden wieder alle Blätter nach rechts gereicht, und jeder schreibt auf das neue Blatt zu dem jeweiligen Kind einen aufmunternden Satz.

Oberste Regel: Nur freundliche, nette, liebevolle, aufmunternde Dinge dürfen geschrieben werden.

Wenn am Ende das Blatt wieder bei seinem Besitzer angekommen ist, hat jeder einen Schatz voller freundlicher und aufmunternder Worte, die bestimmt nicht nur gerne hervorgeholt und gelesen werden, wenn man traurig oder ängstlich ist.

Hinweis: Die Kinder sollten auf jeden Fall schon schreiben und die Schrift anderer lesen können. Außerdem ist es hilfreich, wenn man einige Beispiele sammelt, denn es ist niederschlagend für die anwesenden Kinder, wenn sie hören müssen: „Zu XY fällt mir aber nichts ein." Auch ist es ratsam, immer wieder neue Impulse zu geben, was die Kinder schreiben können.

Tipp: Noch viel ansprechender ist es, wenn man ein kleines Büchlein an die Kinder verteilt, und jeder schreibt [malt] auf eine extra Seite. So wird nicht so viel abgeschaut, was die anderen geschrieben haben, und es wirkt gleich viel wertvoller als ein Blatt Papier. Natürlich kann so ein Büchlein auch gemeinsam gebastelt werden. Dies können zusammengeheftete Blätter mit schönem Deckblatt (oder Foto des Kindes) in „Pixibuchformat" sein, oder auch DIN A6 große, gelochte und mit schönem Kordel geheftete Blätter mit einem Deckblatt aus Tonkarton und Geschenkpapier, oder als Dreieck geschnittene und geheftete Blätter …

Geborgenheit

Material: Kissen, evtl. Decken

Jedes Kind bekommt ein (oder besser zwei) Kissen und macht es sich auf dem Boden ganz bequem. Es gibt verschiedene Möglichkeiten, den Kindern ein Gefühl der Geborgenheit zu ermöglichen:

Entspannungsübung:

Die Kinder schließen die Augen, hören eine ruhige und angenehme Instrumentalmusik und werden vom Mitarbeiter angeleitet:

„Du liegst ganz ruhig und bequem. Suche eine Stellung, in der du dich wohlfühlst, wo nichts drückt und zwickt. Du spürst deinen Körper auf dem Boden, er ist ganz schwer und doch ganz leicht. Du bist ganz entspannt und stellst dir deine Lieblingsfarbe vor. In dieser Lieblingsfarbe sind die weichen Decken, auf denen du in deiner Vorstellung liegst. Es ist kuschelig und gemütlich, und du hörst in der Ferne schöne Musik. Um dich herum sind liebe Menschen, die du magst. Und diese Menschen haben auch dich gern. Sie lächeln dir zu. Stell dir vor, einer dieser Menschen kommt auf dich zu und nimmt dich in den Arm. Er streichelt dir über den Rücken. Das gibt dir Kraft und tut dir gut. Ein anderer von diesen Menschen schaut dich liebevoll an und breitet seine Arme aus. In diese Arme kannst du dich hineinkuscheln. Es gibt noch jemanden, der dich noch mehr liebt als alle diese lieben Menschen. Es ist Gott. Er steht da wie ein liebevoller Vater und breitet die Arme aus. Du kannst hinlaufen und dich in seine Arme werfen. Er drückt dich ganz liebevoll. Er ist immer für dich da und er passt auf dich auf. Wenn du Angst hast, ist er schon da und hält seine schützenden Hände über dich und um dich herum. Er steht vor dir und hinter dir. Er will, dass es dir gut geht.

Wenn du dich nun langsam wieder räkelst und streckst und die Augen öffnest, darfst du dir sicher sein: Bei Gott bist du immer geborgen. Ob du nun die Augen geschlossen hast oder offen, ob du liegst oder stehst, ob du fröhlich oder traurig bist, ob du Mut hast oder Angst. Gott ist immer da und schenkt dir Geborgenheit.

Entspannungsübung mit Rücken massieren
Immer zwei Kinder tun sich zusammen. Ein Kind macht es sich gemütlich und schließt die Augen, im Hintergrund wird leise und beruhigende Instrumentalmusik abgespielt. Der Mitarbeiter leitet das Ganze wie oben an, aber das andere Kind streichelt und massiert den Rücken des liegenden Kindes. Dies ist eine schöne Erfahrung, weil noch körperliche Nähe und Zuwendung gespürt werden. Allerdings funktioniert dies nur, wenn die Kinder Vertrauen zueinander haben und wenn keine Faxen nebenher gemacht werden.

Während die Kinder liegen, nennt der Mitarbeiter schöne Dinge und Erfahrungen, die sich die Kinder jeweils vor dem inneren Auge ausmalen sollen. Zum Beispiel: ein Vater, der seine Arme öffnet und ein Kind, das sich in dessen Arme wirft; ein Kind, das sich in die Arme der Mutter kuschelt; eine gemütliche Höhle, die aus Decken gebaut ist, darin liegen Kissen und es ist kuschelig und warm dort; ein warmes gemütliches Zimmer, während

74

es draußen regnet und stürmt, aber drinnen knistert ein Feuer im Kaminofen, es duftet nach Bratäpfeln und heißem Kakao ...

Plakat: Angst- und Geborgenheit

Material: Plakat, schwarze, graue und braune Stifte, Scheren, dunkelgelbes und orangefarbenes Tonpapier, Klebstoff

Im gemeinsamen Gespräch benennen die Kinder, wovor sie Angst haben und sich fürchten, oder wovor auch andere Menschen Angst haben. Manchen Kindern fällt es schwer, zuzugeben, dass auch sie sich fürchten. Für sie ist es oft leichter, diese Ängste auf andere zu schieben. Die benannten Begriffe werden auf das Plakat geschrieben, kreuz und quer oder in die mit Bleistift vorgezeichneten, hohlen, großen Buchstaben des Wortes Angst, sodass das große Wort Angst mit vielen einzelnen Angst machenden Begriffen gefüllt ist.

Dann werden mit den Kindern Begriffe gesucht, die gegen die Angst helfen, die ihnen Freude bereiten, Mut machen, die Geborgenheit vermitteln. Diese Begriffe werden auf die gelben und orangefarbenen Bögen geschrieben und in runden Formen ausgeschnitten. Am Ende werden sie kreuz und quer über die Angstbegriffe geklebt. Man kann diese Begriffe natürlich auch als große Buchstaben zusammenstellen und damit das Wort Gott schreiben.

Tipp: Für all diese Aktionen, die Gespräche und die Andacht sollte man sich genügend Zeit nehmen und es sollten auch genügend Mitarbeiter zur Verfügung stehen. Es kann sein, dass es für die Kinder ganz selbstverständlich ist, dass Gott ihnen Geborgenheit gibt und sie keine größeren Ängste haben, außer vor einem Gewitter oder der nächsten Klassenarbeit (wobei man auch dies ernst nehmen sollte …). Es kann aber auch sein, dass bei manchen Kindern etwas aufbricht und sie jemanden zum Reden brauchen, damit sie auch hier spüren können, was Geborgenheit bedeutet.

Wasser schöpfen/Sturmstillung

Material: siehe bei den einzelnen Spielvorschlägen

Dauer der Spiele: je Spielvorschlag 5-10 Minuten (variabel je nach Gruppengröße)

Textbezug: Lukas 8,22-25 – Als der Sturm aufkam, sahen die Jünger die Situation zuerst gelassen, vielleicht war es zu Beginn eher ein Spiel, als sie das hereinschwappende Wasser schöpfen mussten. Doch als der Sturm dann immer schlimmer wurde, da wurde das Wasserschöpfen und das auf den Beinen halten immer schwieriger, und sie bekamen immer größere Angst.

Erzählvorschlag:

Das Leben kann ja so gemütlich sein! Vor allem, wenn nicht eine ganze Menschenhorde hinter einem herrennt und immer etwas will. „Jesus, heile meinen Vater, er ist krank, du kannst ihn gesund machen!" „He, ihr Jünger, sagt uns, wo euer Meister Jesus steckt!" „Erzählt uns von Gott, wir wollen mehr von ihm wissen!" „Hey, ihr Jünger, wenn Jesus schon so lange erzählt, dann könnt ihr doch Essen für uns besorgen!" „Wo sollen wir heute Nacht schlafen?" „Seid ihr die Jünger von Jesus? Kommt mit, ich will euch etwas zeigen …." So geht es den ganzen Tag. Lange Strecken laufen, Essen organisieren, nach einer Unterkunft schauen, die Leute beruhigen, schauen, dass alle einen Platz bekommen, die Jesus zuhören wollen – den ganzen Tag Geschrei und Tumult und Stress – und jetzt endlich mal Ruhe. Das war eine gute Idee von Jesus, einfach mal auf den See Genezareth rauszufahren. Die Stille, die ruhige See, die wärmende Sonne von oben … Einige von ihnen sind Fischer, die kennen sich damit aus und haben das Schiff voll im Griff. Aber wo ist eigentlich Jesus?

Ha, das ist ja witzig. Jesus kann sich anscheinend wunderbar ausruhen. Der liegt doch tatsächlich hinten im Schiff und schläft. Na ja, soll er ruhig. Für ihn sind die Tage am anstrengendsten gewesen.

Einige Jünger dösen vor sich hin, andere sonnen sich ein wenig, wieder andere halten ein gemütliches Schwätzchen und genießen es, mal wieder ganz unter sich zu sein.

Doch da, wo eben noch schöner Sonnenschein war, sind plötzlich schwarze Wolken. Der See Genezareth ist gar nicht mehr so ruhig, die Wellen werden höher und wilder, bei jedem weiteren Hinschauen. Kräftige Fallwinde brausen über den See. Einige Jünger brummen ein bisschen, weil die angenehme Sonne von eben schöner war. Wenn sie ein paar Regentropfen abkriegen, macht ihnen das nichts aus. Aber diejenigen, die Fischer sind, die bekommen es schon jetzt mit der Angst zu tun. Sie kennen sich aus. Sie wissen, dass hier von einem Moment auf den anderen ganz plötzlich die Fallwinde kommen können und es ganz schlimme Unwetter geben kann, in denen das Schiff nicht mehr leicht zu steuern sein wird. Sie werden unruhig und beginnen, geschäftig auf dem Schiff hin- und herzurennen und Befehle zu rufen. „Sichert mit dem Seil da die Ladung, schnell!" „Holt das Segel ein. Wenn die Winde da hineinfahren, kippen wir

einfach um wie eine Nussschale!" „Schnell, alle Männer hierher und mit anpacken!" Auch die anderen Jünger merken jetzt, dass sie es nicht nur mit einem harmlosen Regen zu tun bekommen. Obwohl diese Männer einiges gewöhnt sind, bekommen sie es jetzt mit der Angst zu tun. Sie stehen sich im Weg, rempeln sich an, rennen einander fast über den Haufen, sie schreien sich an, sie bekommen Panik. Und dann passiert alles auf einmal. Heftiger Regen prasselt auf sie herab, stürmischer Wind peitscht ihnen ins Gesicht, der Mast knarrt und schwankt, und gleich nach der ersten Welle schwappt auch schon eine zweite noch höhere ins Schiff hinein, und noch eine und noch eine … Der ganze Kiel ist schon voll Wasser und alle, die gerade nicht irgendein wichtiges Seil festhalten, schnappen sich die unterschiedlichsten Gefäße und beginnen, das Wasser zu schöpfen, an die Schiffswand zu rennen und das Wasser aus dem Schiff zu leeren. Doch dann wird der Sturm noch schlimmer als sie es sich jemals vorgestellt hätten, sie können sich kaum auf den Beinen halten, werden mit dem Boot hin- und hergeschüttelt und bekommen unbeschreibliche Angst. Werden sie gleich alle ertrinken?
Halt! In all ihrer Panik haben sie einen ganz vergessen: Jesus! Wo ist Jesus? Ist er schon über Bord gegangen? Was macht er?

(Pause, nach der schnellen Erzählung ruhig weitererzählen)

Das ist nicht zu fassen. Da liegt er. Immer noch im hinteren Teil des Schiffes. Immer noch schläft Jesus. „Jesus! Wir ertrinken!", schreien die Jünger. Sie schütteln und rütteln Jesus. Jesus setzt sich auf und reibt sich die Augen. Er gähnt herzhaft und schaut dann seine Jünger an. Die schreien ihn noch mal an: „Jesus, wir gehen unter!"

Jesus steht auf, hebt die Hände und bedroht den Wind und die Wellen. Er befiehlt dem Wind, dass er aufhören soll zu stürmen. Und der Wind hört sofort auf. Und er befiehlt den Wellen, dass sie aufhören sollen zu stürmen. Und die Wellen hören sofort auf. Es wird mucksmäuschenstill. Der See Genezareth liegt ganz ruhig da, kein Lüftchen regt sich mehr. Nicht einmal der leiseste Windhauch ist zu spüren. Die Jünger schauen sich an. Haben sie alles nur geträumt? Aber sie sehen noch die zerfetzten Segel, sie sehen das Wasser im Boot, sie sehen ihre klatschnassen Kleider, ihre vom Wind geröteten Gesichter, und sie sehen noch die gerade erst erlebte Angst in ihren Augen.

„Wo ist denn euer Glaube?", fragt Jesus. Ihr Glaube? Ja, eigentlich hätten sie wissen müssen, dass Jesus bei ihnen ist. „Wer ist dieser Jesus?", fragen sich die Jünger. „Sogar Wind und Wellen gehorchen ihm. Ist er ein Zauberer? Oder ist er tatsächlich Gottes Sohn? Das, was wir eben erlebt haben, das war unglaublich. Wir hatten solche Angst. Aber wir müssen keine Angst haben, Jesus ist bei uns. Er war mitten unter uns, als der schlimme Sturm tobte. Wir hatten ihn ganz vergessen vor lauter Angst. Wenn wir mal wieder Angst haben – wegen eines Sturms oder wegen ganz anderer Dinge – dann denken wir dran: Jesus ist bei uns."

Spielvorschlag Wasserschöpfspiele:

Wasserschöpfen mit Wassertransport
Material: leere Joghurtbecher, Eimer, Wannen mit Wasser, Messbecher
Die Kinder werden in zwei Gruppen eingeteilt. Im Staffellauf rennen jeweils die ersten Kinder pro Gruppe los, schöpfen Wasser aus einer bereitstehenden Wanne und

legen mit dem Wasserbecher in Händen eine vorher abgesprochene Strecke zurück. Richtig spannend wird es, wenn es über Hindernisse geht, z. B. „Schiffsplanken", „Ruder", um das „zusammengerollte Segel" herum … Am Ende wird das Wasser in die bereitstehenden Eimer geschüttet, die Kinder rennen zurück und schlagen das nächste Kind ab. Sobald eine Gruppe fertig ist (d. h. alle Kinder sind die Staffel gelaufen), schreien sie „Halt!", und alle anderen Gruppen müssen stoppen. Dies bedeutet noch nicht, dass diese Gruppe auch gewonnen hat, sie hat nur den Schlusspunkt gesetzt. Wirklich gewonnen hat die Gruppe, die am meisten Wasser aus dem „Schiff" geschöpft hat. Dies wird ermittelt, indem man mit dem Messbecher nachschaut, in welchem Eimer am meisten Wasser gesammelt wurde.

Wasserschöpfen mit Wassertransport bei erschwerten Bedingungen

Material: wie oben, zusätzlich noch Gummistiefel in Erwachsenengröße (so viele Schuhpaare wie Gruppen)
Vom Spielprinzip her funktioniert alles wie oben, allerdings sind die Bedingungen noch schwieriger geworden. Da der Sturm mittlerweile so stark ist, sind auch schon die Schuhe der Jünger (wir schauen großzügig darüber hinweg, dass sie wohl eher Sandalen getragen haben …) mit Wasser vollgelaufen. Deshalb müssen sie nun mit wassergefüllten Stiefeln die Strecke laufen. Beim Übergeben des Bechers an das nächste Kind werden auch die Gummistiefel übergeben. Es ist selbstredend, dass dieses Spiel nur im Sommer und nur im Freien gespielt werden sollte.
Hinweis: Besonders witzig wird es, wenn die Gummistiefel ein paar Nummern zu groß sind.

Tipp: Durch die Spielaktion wird das Ganze natürlich eher ein großer Spaß, und den dürfen die Kinder ja auch haben. Allerdings sollte man beim Erzählen der Geschichte darauf achten, dass man auch hervorhebt, wie groß die Angst der Jünger war. Es bietet sich an, gemeinsam zu überlegen, in welche „Stürme" die Kinder kommen können und wie sie Jesus um Hilfe fragen können.

Angelspiel/Fischfang des Petrus

Material: selbstgebastelte Angeln (mit Faden und Magnet), vorher hergestellte Fische mit Tackernadeln präpariert, große Wanne, zusätzlich Fische mit Bibelvers und Tackernadel

Dauer der Spiele: je Spielvorschlag ca. 5 Minuten (je nach Gruppengröße)

Textbezug: Lukas 5,1-10 – Die Kinder angeln wie Petrus nach Fischen und versuchen, eine möglichst hohe Punktzahl zu erreichen. Allerdings kommen sie nicht auf die gleiche Menge wie Petrus ...

Erzählvorschlag:

„He, schubs nicht so!" „Ich schubs ja gar nicht, aber ich will doch ganz vorne stehen und Jesus gut sehen und hören können!" „Na toll, das will doch hier jeder! Siehst du denn nicht, wie viele Menschen hier schon wieder stehen und drängeln? Wenn da jeder ganz vorne stehen wollte, dann wäre es das reinste Chaos!" „Na ja, ein Chaos ist es jetzt auch." Sei still, da ist Jesus, ich möchte hören, was er erzählt!" „Jesus, erzähl uns wieder von Gott!"

Aber Jesus begann noch nicht mit dem Erzählen. Die Menschenmenge drängelte so, dass er immer weiter in Richtung See Genezareth zurückgedrängt wurde. Die Leute drängelten und drückten, und Jesus bekam schon nasse Füße. Da drehte er sich um und sah am Ufer zwei leere Boote. Daneben saßen die Fischer und flickten ihre Netze. Jesus stieg in eins der Boote. Dieses Boot gehörte dem Fischer Petrus. Jesus sagte zu Petrus: „Ist das dein Boot?" Petrus nickte. „Könntest du mir bitte einen Gefallen tun? Die Leute drängeln so sehr – könntest du vielleicht ein Stück auf den See hinausrudern? Dann können mich alle Leute gut sehen und hören, und das Gedränge hört auf."

Petrus ruderte ein Stück auf den See hinaus, und dann lehnte er sich im Boot zurück und hörte Jesus zu. Aber schon bald saß er aufrecht da und starrte Jesus an. Wie der erzählen konnte! Ganz gespannt hörte er zu. Dieser Mann erzählte von Gottes Wort. Und er erzählte so spannend und so begeistert von Gott. Als Jesus fertig war, war Petrus fast ein bisschen enttäuscht. Da kam auch das zweite Boot mit den anderen Fischern angerudert. Die Männer schauten Jesus an und sagten: „Das war aber spannend. Obwohl so viele Menschen da waren, war es ganz still."

Jesus wandte sich an die Fischer und sagte: „Fahrt jetzt noch mal raus auf den See und werft eure Netze aus!" Die Männer hoben die Augenbrauen und schauten Jesus fragend an. Petrus sagte: „Weißt du, wir haben die ganze Nacht gearbeitet und nichts gefangen. Nachts schwimmen die Fische dichter an der Oberfläche, da kann man sie besser fangen. Aber wenn wir schon nachts nichts gefangen haben, dann werden wir tagsüber erst recht nichts fangen. Glaub mir, damit kennen wir uns aus." Jesus schaute Petrus nur an. Petrus seufzte. „Weil du es sagst, wollen wir es noch einmal wagen. Aber du wirst schon sehen ..."

Die Fischer in beiden Booten warfen ihre Netze aus. Und kaum waren die Netze im Wasser, da hörte man schon das Schlagen der Fischschwänze, da sah man schon das Gezappel in den Netzen. Die Fischer versuchten, die Netze einzuholen und hatten große Mühe, obwohl sie doch eigentlich so starke Muskeln hatten. Die Netze drohten schon fast zu zerreißen, so viele Fische hatten sie gefangen. Die Fischer halfen sich gegenseitig, und mit vereinten Kräften zogen sie zuerst das eine Netz in das eine Boot und dann das andere Netz in das andere Boot. Bald waren beide Boote bis zum Rand mit zappelnden Fischen beladen, sodass die Boote fast untergingen.

Als Petrus das sah, verschlug es ihm die Sprache. Er, der sonst immer einen Kommentar parat hatte, schnappte stumm nach Luft wie die Fische, die in seinem Boot lagen. Er fiel vor Jesus auf die Knie und rief: „Herr, du musst etwas Besonderes sein! Du bist nicht nur ein Geschichtenerzähler! Ich bin nur ein einfacher Fischer mit vielen Fehlern und Macken, du brauchst dich nicht mit mir abzugeben!"

Auch alle anderen Fischer nickten und brummten etwas vor sich hin, alle sahen Jesus fassungslos an. Doch Jesus sagte zu Petrus: „Petrus, fürchte dich nicht! Du musst keine Angst haben. Ich kann dich gut gebrauchen. Du wirst ab jetzt keine Fische mehr fangen, sondern Menschen fischen."

Menschen fischen? Petrus schaute Jesus an. Dieser Jesus war zwar irgendwie anders als alle normalen Leute, aber er hatte so etwas Besonderes. Gerne wollte er Jesus begleiten. Und wenn Jesus meinte, dass er, Petrus, der einfache Fischer, ihm eine Hilfe sein konnte, dann sollte es recht sein. Was er mit diesem Jesus wohl noch so alles erleben würde?

Spielvorschläge:

Spielvorbereitung: Entweder die Fische aus einem handelsüblichen Angelspiel verwenden oder selbst aus Tonkarton größere und kleinere Fische, Quallen, Tintenfische etc. aufmalen und ausschneiden. Je nach Fischgröße werden auf die Fische die Zahlen eins (ganz klein) bis vier (ganz groß) geschrieben. Dann wird an jeden Fisch eine Tackernadel geheftet. An dieser Nadel bleiben später die Magnete der Angeln hängen. Ganz genauso funktioniert es mit den Bibelspruch-Fischen. Entweder man schreibt von Hand auf jeden Fisch einen passenden Spruch oder man kopiert diese auf Karton und schneidet dann erst die Fische aus. Außerdem werden zwei Angeln hergestellt. Hierzu nimmt man zwei ca. 40-50 cm lange Rundholzstäbe, an deren Ende man eine stabile Schnur oder Wolle bindet. Am Ende der ca. 50-60 cm langen Schnur befestigt man einen geeigneten Magneten.

Fischen wie Petrus

Die Kinder werden in zwei Gruppen aufgeteilt. Jeweils ein Kind pro Gruppe darf an die Wanne treten und die Angel in die Wanne halten bzw. leicht in der Wanne „rühren". Dabei kann es passieren, dass die Magnete der beiden Angeln zusammenkleben, ein Mitarbeiter entzweit diese dann einfach wieder. Bei ganz kleinen Kindern ist es erlaubt, in die Wanne zu schauen, bei größeren Kindern nicht (evtl. zusätzlich Augen verbinden). Die Kinder müssen entweder auf gut Glück angeln oder, was auch großen Spaß bringt, ein anderes Kind aus der Gruppe darf in die Wanne schauen und den Angler „dirigieren".

Sobald etwas an der Angel hängt, wird diese herausgezogen, und die „erfischten" Punkte werden notiert. Hängen zwei oder mehr Fische an der Angel, ist dies Anglerglück und wird natürlich mit notiert.

Fisch mit Spruch angeln

Im Anschluss dürfen die Kinder noch einmal angeln, diesmal darf man aber ins „Wasserbecken" schauen. Jedes Kind angelt sich einen Fisch mit Spruch und darf diesen als Erinnerung an die Gruppenstunde und an die Geschichte mit nach Hause nehmen. Besonders schön ist es, wenn auf den Fischen verschiedene (kindgerechte) Bibelverse oder Segenssprüche stehen, sodass jedes Kind einen eigenen Vers oder Spruch erhält.

Blind sein und sehen können/ Bartimäus kann sehen

Material: Augenbinden, ansonsten siehe bei den jeweiligen Spielen

Dauer der Spiele: je Spielvorschlag zwischen 5-10 Minuten (variabel je nach Gruppengröße)

Textbezug: Markus 10,46-52 – Der blinde Bartimäus wird von Jesus geheilt (oder Lukas 18,35-43 – Jesus heilt einen Blinden). Selbst in einfachen und zeitbegrenzten Spielen spürt man schnell, wie sehr man durch die Sehbehinderung eingeschränkt ist und was für ein erleichterndes und gutes Gefühl es ist, danach wieder etwas sehen zu können. Wie wunderbar muss es erst sein, wenn jemand, der sein Leben lang blind ist, plötzlich von Jesus geheilt wird!

Erzählvorschlag:

„Bitte, eine milde Gabe! So gebt mir doch eine milde Gabe!" So habe ich immer gerufen, wenn ich in meinen zerlumpten Kleidern am Wegrand saß. Mein Blindenstock lag neben mir, und ich hörte sofort, wenn wieder Schritte näher kamen. Die meisten Leute gingen einfach vorbei. Manche ärgerten mich sogar, indem sie mir einen Fußtritt verpassten und dann lachend davongingen. Ich konnte mich ja nicht wehren. Ich war blind, ich konnte nichts sehen. Nichts. Nur immer Dunkelheit um mich herum. Alles schwarz. Manche Leute warfen mir auch mal einige Münzen hin, und davon kaufte ich mir dann etwas zu essen. Ich konnte ja selber kein Geld verdienen. Ich hatte keinen Beruf gelernt. Ich war blind.
Ich tastete mich mit meinem Stock vorwärts, aber

manchmal habe ich einen Stein oder ein kleines Loch nicht bemerkt und bin hingefallen. Wie das Wetter war, das habe ich gewusst. Ich spürte, ob die Sonne auf mein Gesicht scheint und mich wärmt, oder ob ein kalter Wind kommt oder Regentropfen auf meinem Kopf zu spüren sind. Aber ich konnte nicht schnell davon eilen, wenn es plötzlich in Strömen regnete, sondern ich musste trotzdem langsam und vorsichtig meinen Weg abtasten. Manchmal bin ich auf allen Vieren gekrochen und wurde nur höhnisch ausgelacht. Und wenn die Sonne schien, dann habe ich sie zwar gespürt, aber ich habe die Sonne nie gesehen. Ich habe nie eine Wolke gesehen, einen Regenbogen oder auch Blumen, Tiere, Bäume, Häuser, Menschen, mein Essen – alles konnte ich nicht sehen, nur manche Dinge mit den Händen ertasten. Aber Farben – die kann man nicht ertasten. Ich sah immer nur schwarz. Ich war blind.

Eines Tages saß ich wieder am Wegrand und bettelte. Aber an diesem Tag war irgendetwas anders als sonst. Es waren so viele Leute unterwegs, viel mehr als sonst. Und sie hatten es alle eilig. Zuerst war mir das egal, aber dann merkte ich, dass die Leute so schnell vorübergingen, dass sie mich gar nicht bemerkten. Niemand warf mir Geldmünzen zu, und ich wusste nicht, wovon ich mir etwas zu essen kaufen sollte. Mit der Zeit ärgerte ich mich. „Warum haben die es denn alle so eilig?", habe ich mich gefragt. Da mir keiner antworten wollte, hörte ich einfach genauer hin. Wenn man nichts sehen kann, muss man umso besser hören können, das ist wichtig. Und dann habe ich hingehört, was die Leute sagten. Ich hörte Sätze wie: „Er ist in der Stadt! Beeil dich, dann siehst du ihn noch!" oder „Nein, ich habe gehört, dass er Jericho wieder verlassen und weiterziehen will. Komm schnell, vielleicht erzählt er ja etwas vom Reich Gottes!" und „Ja, Jesus und seine Jünger. Man sagt, Jesus wäre Gottes Sohn. Ob das wohl stimmt?" Ich hatte genug gehört. „Soso", dachte ich, „wegen eines Wanderpredigers namens Jesus haben es alle so eilig. Und der behauptet auch noch, er wäre der Sohn von Gott. Na ja, wenn ich sehen könnte, würde ich jetzt auch hinterherlaufen und mir den einmal anschauen."

Ich überlegte gerade, ob ich mein Bettlerglück an einer anderen Stelle versuchen sollte, als ich noch einen Fetzen aus einem Gespräch aufschnappen konnte: „Ja, es ist ganz bestimmt Gottes Sohn. Ich habe ihn gesehen und gehört, und ich sage dir, Jesus ist jemand ganz Besonderes. Er erzählt nicht nur von Gott, sondern er tut auch Wunder und heilt Kranke. Ich habe es mit eigenen Augen gesehen – das ist Gottes Sohn! Und er zieht jetzt weiter und verlässt Jericho. Haufenweise Menschen wollen ihn verabschieden und ihn noch einmal sehen, er muss nachher hier vorbeikommen. Komm, wir schauen mal, ob wir ihn auf dem Marktplatz finden." Ich richtete mich kerzengerade auf. Jesus würde hier vorbeikommen. Er war Gottes Sohn und konnte Kranke heilen und Wunder vollbringen! Ich wollte sitzen bleiben bis dieser Jesus vorbeikam, und wenn es Nacht werden würde.
Nach gar nicht allzu langer Zeit hörte ich ein großes Stimmengemurmel näherkommen. Schritte gingen vorbei, und ich begann zu rufen. „Jesus!", rief ich immer wieder. „Jesus, Gottes Sohn, Jesus, hab Erbarmen mit mir, hilf mir!" Ich spürte, wie mir jemand einen Tritt verpasste. „Halt den Mund!", riefen einige Menschen, „Jesus hat Besseres zu tun als nach einem blinden Bettler zu schauen. Hau hier ab, er kommt gleich vorbei!" Als ich das hörte, rief ich um so lauter: „Jesus!" Und dann schrie

ich sogar: „Jesus! Hab Erbarmen mit mir! Jesus!" Da hörte ich auf einmal eine Stimme. "Ruft ihn her zu mir." Es war eine angenehme Männerstimme. Es wurde leiser und ich merkte, dass die Leute stehen blieben. Jemand tippte mir auf den Rücken und ich zog schnell die Schultern hoch und den Kopf ein, weil ich Angst hatte, dass mich wieder jemand schlagen will. Aber da sagte jemand: „He, Bartimäus, du Schreihals, du hast es geschafft! Komm mit, Jesus ruft dich zu sich. Steh auf, wir führen dich zu ihm. Gib uns deine Hand."

Vor Aufregung ließ ich alles liegen, was mir sonst das Wichtigste war. Mein Stock, der mir beim Gehen eine große Hilfe war. Mein einziger Mantel, der mich nachts wärmte. Ich stand nicht vorsichtig auf, so wie sonst. Ich sprang auf und fasste die Hand von dem, der mich zu Jesus bringen wollte. Nach einigen Schritten blieben wir stehen und ich hörte wieder die freundliche Stimme: „Warum hast du nach mir gerufen?" Das musste Jesus sein! Und ich sagte aus tiefstem Herzen: „Herr, ich möchte sehen können!" Da hörte ich die wunderbarsten Worte meines Lebens: „Geh", sagte Jesus, „dein Glaube hat dir geholfen." Nur der eine Satz: „Geh! Dein Glaube hat dir geholfen." Und ich öffnete die Augen und blinzelte. Es war alles so hell. Ich rieb mir die Augen, machte sie noch einmal zu – Dunkelheit, wie ich sie kannte. Und ich öffnete die Augen. Es war hell und bunt und schön. Als erstes sah ich ein freundliches Gesicht mit gütigen Augen. Jesus! – Und dann sah ich die Menschen rings um Jesus. Alle starrten mich an. Manche rissen Mund und Augen auf, manche schauten ungläubig, manche freuten sich und lachten mich an. Ich drehte mich um und sah Bäume mit einem braunen Stamm und grünen Blättern, ich sah Blumen in vielen bunten Farben. Ich sah den Himmel über mir und den Boden unter mir. Ich sah meine dreckigen Füße und ich sah Jesus, der vor mir stand und sich mit mir freute. Und dann sah ich ein kleines, zartes Tier an mir vorüberfliegen, dessen Flügel schimmerten in den schönsten Farben. Ich hatte noch nie zuvor einen Schmetterling gesehen, noch nie zuvor so herrliche Farben.

Obwohl schon einige Jahre seither vergangen sind, freue ich mich immer noch an allem, was ich sehen kann, aber ganz besonders an farbenfrohen Schmetterlingen, die Gott so wunderbar geschaffen hat. Mein ganzes Leben hat sich an diesem Tag auf einen Schlag verändert. Nicht nur, weil ich wieder sehen konnte. Sondern vor allem, weil ich Jesus getroffen habe und dann mit ihm mitgegangen bin ...

Spielvorschläge „Blind-sein erleben":

Zeigt her eure Beine

Einem Kind werden die Augen verbunden, die anderen Kinder stellen sich in einer Reihe auf. Durch Ertasten versucht das „blinde Kind" zu erraten, welche Beine zu welchem Kind gehören. Alternativ oder zusätzlich kann man dies noch mit Händen, Gesichtern und Haaren durchführen. Bei einer kleinen Gruppe können immer alle Kinder abgetastet werden, bei einer größeren Gruppe empfiehlt es sich, diese in Kleingruppen zu unterteilen.

Tipp: Es ist sinnvoll, jedes Kind einmal die Rolle des Blinden am eigenen Leib erfahren zu lassen, da so die Geschichte ganz anders aufgenommen wird.

Essen im Dunkeln

Material: Brot, Butter, Brotbelag, Rohkost, Teller, stumpfe (Spiel-) Messer

Der Gruppenraum wird völlig abgedunkelt (evtl. zusätzlich jedem Kind die Augen verbinden) und jedes Kind erhält einen Stock und die Anweisung, nicht zu sprechen. Jedes Kind wird einzeln in den Raum geschickt. Mit Hilfe des Stockes, mit dem nur auf den Boden geklopft werden darf (wegen Verletzungsgefahr nicht in Bauchhöhe halten), soll es eventuelle Hindernisse ertasten, einen Tisch samt Stühlen finden und sich auf einen freien Stuhl setzen. Bei kleineren Kindern sollte ein Mitarbeiter mitgehen und aufpassen, dass sich das Kind nicht verletzt.

Wenn alle Kinder sitzen, wird jedem Kind ein Essen serviert. Die Kinder sollen versuchen, mit dem Essen zurechtzukommen.

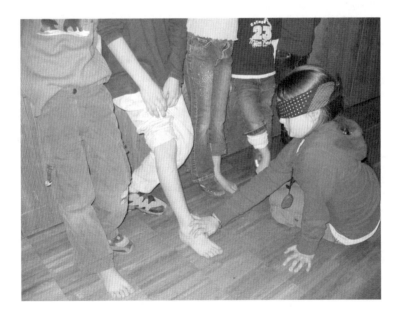

91

Man kann je nach Alter der Kinder entscheiden, ob man verrät, was auf dem Teller liegt, wobei der Überraschungseffekt größer ist, wenn man unversehens in eine aufgeschnittene Tomate greift, die Butter zu dick aufträgt etc. Außerdem kann man je nach Gruppengröße der Kinder und je nachdem, wie wild die Kinder sind, überlegen, ob sprechen erlaubt ist oder nicht – wobei das Ganze nicht in eine Lachnummer ausarten sollte.

Tipp: In jedem Fall sollte man im Anschluss eine Gesprächsmöglichkeit schaffen, in der man über das Erlebte spricht. Die Kinder sollen sich erzählen, was sie gefühlt haben, was ein komisches Erlebnis war und wie sie nun ein Leben in Dunkelheit, ein Leben eines Blinden, einschätzen.

Blinde Strecke

Die Hälfte der Kinder wartet vor der Tür des Gruppenraums und weiß nicht, wie der Gruppenraum innen gestellt ist. Nun wird jeweils ein Kind mit verbundenen Augen in den Gruppenraum geholt und soll eine bestimmte Strecke krabbelnd zurücklegen. Man kann drei Durchläufe anbieten: einen Durchlauf, in dem das Kind selbst den Weg ohne Hilfe von außen finden muss. Als Hilfestellung wird nur erwähnt, dass die Stühle eine Randbegrenzung darstellen und das Ziel dadurch erkennbar ist, dass ein weiches Kissen erfühlt wird. In einem weiteren Durchlauf wird der Rückweg angetreten. Diesmal darf ein Kind von außen verbale Hilfestellung geben. Beim dritten Durchlauf geben alle Kinder von außen gleichzeitig Hilfestellung, dürfen reden und Hinweise zurufen. Bei einer kleinen Kindergruppe ist auch ein vierter Durchlauf denkbar, in dem ein sehendes Kind das blinde Kind führt. Wenn alle vor der Tür wartenden Kinder die Durchläufe bewältigt haben, werden die anderen Kinder hinausgeschickt und der Gruppenraum umgestellt, sodass die nun „erblindeten" Kinder auch keine Vorstellung davon haben, wie die Krabbelstrecke aussieht.

Da diese Erfahrung des Blindseins möglichst jedes Kind machen sollte, bietet es sich bei größeren Kindergruppen an, die Kinder aufzuteilen und das Spiel in verschiedenen Räumen parallel durchzuführen, da es sonst zu lange Wartezeiten gibt.

Es ist sinnvoll, nach dem Spiel zuerst eine Gesprächsrunde einzulegen, in der über die Erfahrungen geredet wird, über das Blindsein an sich und was bei den einzelnen Durchgängen hilfreich, verwirrend oder kontraproduktiv war.

Tipp: Es bietet sich an, die Spiele vor der Erzählung zu machen, damit sich die Kinder besser in einen Blinden hineinversetzen können. Interessant ist es übrigens auch, nach der Erzählung mit den Kindern zu überlegen, was Bartimäus damit meinte, dass sich sein Leben so sehr verändert habe: nicht nur, weil er wieder sehen konnte, sondern vor allem, weil er Jesus getroffen hat und mit ihm mitgegangen ist.

Als Erinnerung an die Erzählung könnte noch ein Schmetterlingsbild verschenkt oder ein Schmetterling gebastelt werden.

Zublinzeln und in die Arme schließen/ Der verzeihende Vater breitet die Arme aus

Dauer des Spiels: 5-10 Minuten

Textbezug: Lukas 15,11-32 – Der Vater lächelt im Spiel dem verlorenen Sohn aufmunternd zu, er macht ihm Mut zu ihm (zurück) zu kommen. Er breitet die Arme aus und signalisiert damit: Du bist willkommen, hier bist du in Sicherheit, ich habe dich lieb.

Spielvorschlag „Zublinzeln":

Alle Kinder stellen sich als Zweierpaar hintereinander in einem Kreis auf. Der Mitarbeiter steht ebenfalls, aber ohne Partner im Kreis (nicht in der Kreismitte). Alle Kinder, die hinter ihrem Partner stehen, müssen die Arme auf dem Rücken verschränken, die vorne stehenden Kinder dürfen frei stehen. Nun ist der Mitarbeiter der Vater und versucht, einem Kind seiner Wahl einen freundlichen Blick zu schenken und ihm leicht zuzublinzeln. Sobald dieses „verlorene Sohn-Kind" das Blinzeln bemerkt, rennt es los und der „Vater" breitet die Arme aus. Wenn der Vater den verlorenen Sohn in die Arme geschlossen hat, hat es der verlorene Sohn geschafft, sich von seinen falschen Freunden und dem falschen Stolz loszusagen und zum Vater zurückzukehren. Nun stellt es sich hinter den bisherigen Vater und sie bilden ein neues Paar. Das andere Kind, dem der verlorene Sohn davongerannt ist, wird nun zum liebenden Vater und versucht seinerseits, einem wartenden Kind zuzublinzeln. Es kann allerdings auch passieren, dass der Vater blinzelt und der verlorene Sohn losrennen möchte, aber das Kind hinter ihm, das die falschen Freunde/das schlechte Gewissen symbolisiert, dies bemerkt und blitzschnell reagiert, indem es den verlorenen Sohn festhält. Es muss dabei aber auf seinem Platz stehen bleiben und darf nicht zum Fangen hinterherrennen. Wird der verlorene Sohn eingefangen, versucht es der Vater erneut bei einem anderen Kind (oder noch einmal beim gleichen ...).

Tipp: Das Spiel macht nur richtig Spaß, wenn mindestens 4-5 Kinderpaare mitspielen und der Kreis groß genug ist.

Es bietet sich an, mit den Kindern gemeinsam zu überlegen, was die falschen Freunde oder das Gewissen dem verlorenen Sohn wohl immer zugerufen haben mögen, wenn er überlegt hat, zu seinem Vater umzukehren.

Kreative Aktionen
für fast alle Erzählungen geeignet

Kaspertheater

Material: Kasperfiguren

Spieldauer: von der Vorbereitung bis zur Aufführung 10-20 Minuten

Mit Hilfe von Kasperfiguren wird die biblische Geschichte nachgespielt und vertieft. Dies können entweder die Mitarbeitenden tun, oder es noch besser den Kindern als Aufgabe gegeben. Ältere Kinder haben auch schon die Fähigkeit der Abstraktion und können sich ei-

ne Übertragung der erzählten biblischen Geschichte in die heutige Zeit überlegen.

Tipp: Viele Familien besitzen Kasperfiguren, ebenso sind auch Kindergärten oder Grundschulen gute Adressen, um sich die Figuren auszuleihen. Ein Tisch oder eine Kirchenbank werden schnell zur Theaterbühne umfunktioniert. Es muss nicht immer das bekannte Kaspertheater mit Vorhang sein ...

Händetheater

Material: Finger- oder Schminkfarbe oder verschiedenfarbige Eddingstifte

Spieldauer: von der Vorbereitung bis zur Aufführung 10-20 Minuten

Die Kinder überlegen gemeinsam, welche Personen, Tiere, Gebäude etc. in der erzählten Geschichte vorgekommen sind. Die älteren Kinder spielen die Personen, die jüngeren Kinder nehmen die Rolle der Sonne, eines Baumes etc. ein. Nun helfen sich die Kinder gegenseitig, ihre Person oder ihren Gegenstand auf eine Handfläche zu malen. Bei Personen sieht es am besten aus, wenn man nicht ein kleines Männchen in die Handfläche malt, sondern die ganze Handfläche als Gesicht gestaltet.
Nun kann der Mitarbeiter die Geschichte noch einmal langsam erzählen, und die Kinder spielen parallel dazu hinter einem Leintuch oder einer Kirchenbank versteckt die Geschichte mit, in dem sie ihre Handflächen an den passenden Textstellen nach oben halten. Zur weiteren Vertiefung kann man die Kinder die Geschichte

auch noch einmal frei nachspielen lassen, ohne parallele Erzählung des Mitarbeiters. Bei einer sehr großen Anzahl von Kindern ist es sinnvoll, mehrere Kleingruppen zu bilden.

„Material"-Theater

Material: Kochlöffel, Toilettenpapierrollen, Küchenrollen
...; Eddingstifte oder Fingerfarben, evtl. Woll- und Stoffreste, Klebstoff, Scheren

Spieldauer: von der Vorbereitung bis zur Aufführung 20-30 Minuten

Jedes Kind darf eine Person oder ein Tier gestalten, je nach Geschichte (z. B. bei der Geschichte vom verlorenen Schaf kann man Hirten gebrauchen, Schafe, Nachbarn ...). Weniger Arbeits-, Zeit- und Materialaufwand wird benötigt, wenn man das Ausgangsmaterial (z. B. Kochlöffel oder Küchenrollen) nur mit Farben gestaltet, ein Gesicht aufmalt, Kleidung befestigt etc. Länger beschäftigt sind die Kinder, wenn sie zusätzlich mit Stoffresten die Kleidung gestalten können, aus Wollresten die Haare, mit Watte die Schafswolle etc. Nach Beendigung der kreativen Phase wird mit den selbsthergestellten Figuren die erzählte Geschichte nachgespielt, entweder frei oder parallel zur nochmaligen Erzählung des Mitarbeiters.

Eimertheater

Material: unterschiedliche Eimer (Putzeimer, Spielzeugeimer, Joghurteimer, Sandeimer ...), Papier, Scheren, doppelseitiges Klebeband, Wachsmalfarben oder Eddings; Leintuch, Schnur

Dauer: 20 Minuten

Möglicher Textbezug: Es bieten sich besonders Geschichten an, in denen es darum geht, dass „alles im Eimer" ist.

Zum Beispiel beim verlorenen Sohn, als sein ganzes Geld und sein Leben noch dazu im Eimer ist.

Die Kinder bekommen eine Geschichte erzählt. Anschließend wird die Geschichte in verschiedene Szenen und die Kinder in Kleingruppen eingeteilt. Jede Kleingruppe bekommt eine Szene zugeordnet. Handelt es sich um eine Kindergruppe unter zehn bis zwölf Kindern, so werden diese nicht aufgeteilt, sondern alle erarbeiten die ganze Geschichte am Stück (dauert dann etwas länger).

Jedes Kind erhält einen Eimer, Papier und Stift, und soll nun auf das Papier Kulleraugen malen, diese ausschneiden und mit doppelseitigem Klebeband auf dem Eimer befestigen. Der Eimer wird dazu umgedreht, sodass die Öffnung auf dem Boden steht. Der Eimer ist das Gesicht, nun klebt man die Augen auf Augenhöhe an – Nase oder Mund kann man auch noch aufkleben, ist aber nicht zwingend notwendig, da der Eimer bereits durch die Augen personifiziert wurde.

Tipp: Anstatt Papier kann man auch selbstklebende Folie in verschiedenen Farben verwenden, was auch sehr gut aussieht. Dann sollte man aber Eddings bereithalten, da Wachsmalfarben auf der Folie nicht haften. Man erspart sich dadurch das doppelseitige Klebeband, die Augen halten sicher und fallen nicht ab und liegen auch schöner an (allerdings etwas teurer als Papier).

Als nächstes besprechen die Kleingruppen, wie sie ihre zugeteilte Szene spielen wollen. Meistens gibt es keinen Streit, wer welche Rolle übernimmt, da die Gesicht-Eimer immer schon unterschiedliche Charaktere haben und relativ schnell klar wird, wer welche Rolle spielen möchte. Den Kindern wird noch erklärt, dass sie das spätere Eimertheater folgendermaßen spielen werden: Ein Leintuch wird mit einer Schnur so aufgespannt, dass es gerade bis zum Scheitel der Kinder geht und diese dahinter nicht mehr zu sehen sind. Nun fassen die Kinder den gestalteten Eimerkopf links und rechts am Eimerrand und halten ihn über den Kopf. So sind nur die Eimer über dem Leintuch zu sehen und die Kinder können ihre Rollen frei sprechen.

Nachdem die Kinder kurz besprochen und eingeübt haben, wie sie ihre Szene gestalten, treffen sich alle Kleingruppen und setzen sich vor das Leintuch auf die Zuschauerplätze. Die jeweilige Kleingruppe geht hinter das Leintuch und spielt ihre Szene. Nach gebührendem Applaus folgt die nächste Kleingruppe mit der zweiten Szene.

Tipp: Man muss bei dieser Aktion die Geschichte nicht vorher erzählen. Es kann auch sein, dass es eine Ge-

schichte ist, die die Kinder schon kennen (z. B. Verlorener Sohn, Zachäus o. Ä.). Dann reicht es, den Kindern ein Blatt mit einem kurzen Abriss ihrer Szene zu geben. Wichtiger Hinweis: Es ist sinnvoll, wichtige, wiederkehrende Hauptpersonen zu kennzeichnen, damit die Geschichte auch nachvollziehbar wird. Zum Beispiel ist es bei der Zachäusgeschichte ratsam, den Zachäuseimer zur Verfügung zu stellen, der dann von Gruppe zu Gruppe weitergereicht wird.

Legomännchen in Aktion

Material: Legomännchen oder Playmobil o. Ä., zusätzliches „Dekomaterial" für die Szenen: weitere Legosteine und Legoplatten, Legozubehör wie Kelche, Kannen, Stühle o. Ä., Stoffreste und Scheren um evtl. benötigte Mäntel oder diverse Verkleidungen herzustellen

Dauer: 10-30 Minuten (je nachdem, wie aufwändig man das Ganze gestaltet)

Es gibt mehrere Einsatzmöglichkeiten:

– Die Kinder bekommen vor der Geschichte die Aufgabe, die Männchen auf eine bestimmte Art und Weise aufzustellen (z. B. wie bei einem Fest, die einen sitzen an Tischen, die anderen tanzen). Die Kinder dürfen frei überlegen und gestalten. Danach setzen sich alle um ihr Werk und die Geschichte wird erzählt (in diesem Beispiel könnte es die „Hochzeit zu Kana" sein).
– Den Kindern wird die Geschichte erzählt und sie gestalten anschließend die Szene.
– Der Mitarbeiter gestaltet die Anfangsszene, erzählt

die Geschichte und die Kinder gestalten dann die gestellte Szene zur Schluss-Szene bzw. der pointenreichsten Szene um.

- Die Kinder hören eine Fortsetzungsgeschichte und stellen dazu immer wieder eine Szene neu, gestalten sie um. Hier bietet es sich an, zu fotografieren, um die Szenen für eine Predigt, eine Ausstellung oder ein selbstgemachtes Bilderbuch zu verwenden.

- Der Mitarbeiter erzählt die Geschichte, die Kinder spielen stumm mit und bewegen die vorher zugeteilten Männchen. Wird die Geschichte wiederholt, können auch Passagen der Kinder eingebunden werden. Immer, wenn der Mitarbeiter einfliesen lässt: „Und dann sagte XY: ..." oder „XY dachte: ..." o. Ä., sagt das betreffende Kind mindestens einen an dieser Stelle passenden Satz, bevor der Mitarbeiter weitererzählt.

Tipp: Natürlich geht das Ganze auch mit biblischen Erzählfiguren, jedoch wirken die völlig anders als die Plastikfiguren – beides hat seinen eigenen Reiz und seine eigene Wirkung.

Knetmännchenbild

Material: Knete in verschiedenen Farben, A3-Papier, Wachsmalfarben

Dauer: 20-40 Minuten

Die Kinder hören die Geschichte an und teilen sie danach in mehrere Szenen ein (zum Beispiel Kindersegnung: Jesus redet mit gelehrten Männern/Frauen und Kinder kommen/Jünger weisen die Frauen und Kinder ab und schicken sie weg/Jesus stoppt die Jünger/Jesus nimmt die Kinder auf den Schoß, sammelt sie um sich herum, nimmt sich Zeit für sie). Dann wird überlegt, welche Personen und Schauplätze man benötigt. Die Aktion ist auch für große Kindergruppen ideal, da es für jeden eine Aufgabe gibt. In kleineren Gruppen bekommt jedes Kind mehrere Aufgaben, wodurch das Ganze natürlich etwas länger dauert.

Einzelne Aufgaben:

– Immer ein bis zwei Kinder malen eine Art „Bühnenbild" zu dem Schauplatz der Szene. Wichtig ist, dass dieses Bild ein Hintergrundbild wird: nur Landschaft, Häuser, Fluss, Brunnen – was auch immer zu der Erzählung passt, keine Menschen oder Tiere.

– Immer ein bis zwei Kinder gestalten mit bunter Knete ein Männchen oder ein Tier. Diese Knetmännchen müssen nicht stehend gestaltet werden, sondern flach „liegend".

Hinweis: Wenn wichtige Personen auf mehreren Bildern vertreten sind, sollte entweder das gleiche Kind diese Person möglichst noch ein weiteres Mal/mehrmals herstellen, oder die knetenden Kinder sollten sich absprechen (beim Beispiel „Kindersegnung" wäre es wichtig, dass Jesus auf allen Bildern als Jesus erkennbar bleibt; oder beim „Fischzug des Petrus" sollte Petrus auf allen Bildern gleich aussehen, damit man die Geschichte versteht).

Zum Schluss werden die Bühnenbilder in der richtigen Reihenfolge ausgelegt und die Knetmännchen auf den entsprechenden Hintergründen arrangiert. Die Geschichte kann nun noch einmal wiederholt werden, während man die Bilder dazu betrachtet.

Tipp: Die Knetmännchenbilder machen so viel Arbeit und sehen so toll aus, dass man noch weitere Einsatzmöglichkeiten in Betracht ziehen sollte: auf Tischen in der Kirche auslegen, sodass sie von den Gottesdienstbesuchern bestaunt werden können. Oder man macht Fotos von den einzelnen Kunstwerken und verwendet sie für einen Gottesdienst mit Diaprojektor oder Beamer und zeigt sie parallel zu einer Predigt. Eine weitere Möglichkeit wäre, die Bilder auszudrucken, mit Text zu versehen, zu binden (z. B. in der Mitte heften, oder mit Schiebeklemmleiste oder Spiralbindung) und den Kindern als kleines Büchlein zu schenken.

Gebetskerze

Material: einfache weiße Stumpenkerzen, farbige Wachsplatten zum Kerzenverzieren, Scheren

Dauer: 15-30 Minuten

Jedes Kind erhält eine Stumpenkerze, die es passend zum Thema bzw. zur Geschichte gestalten darf. Zum Beispiel: zum Thema „Taufe" oder zu Jesaja 43,1 den eigenen Namen gestalten, oder zum Thema „Guter Hirte" einen Hirten mit Schafherde, etc.
Die Kerze darf als Erinnerung mit nach Hause genommen werden und kann als Gebetskerze verwendet werden – d. h. sie wird immer angezündet, wenn das Kind abends mit den Eltern betet, oder an besonderen Tagen, wie den Tauf- und Geburtstagen.

Tipp: Bei einer kleineren Kindergruppe kann auch eine große Altarkerze von der ganzen Gruppe gemeinsam

gestaltet werden. Sie kann jedes Mal angezündet werden, wenn die Kinder sich treffen – und an besonderen
Gottesdiensten kann sie auch einen besonderen Platz
beim Erwachsenengottesdienst bekommen …

Collage für Kirchenraum

Material: großer Karton oder Keilrahmen (je größer, desto wirkungsvoller und desto weniger Platzstreitigkeiten
unter den Kindern), Klebstoff, Scheren, Material nach
Belieben (Acrylfarben, Pinsel, alte Zeitschriften, Wollres-
te, Stoff, Abfallmaterial, Glitter, Alufolie, Zahnstocher,
alte Zeitungen oder Wachstuchtischdecken zum Tische
abdecken

Dauer: 10-30 Minuten

Je nach Thema überlegen sich die Kinder ein Motiv (z. B.
Schöpfung der Welt, Arche Noah, Sturmstillung, Paulus
auf Reisen …) und sprechen sich ab, wer welchen Teil
des Bildes gestalten darf – am besten immer in Kleingruppen zusammenarbeiten. Der Fantasie sind keine
Grenzen gesetzt. Nach Fertigstellung der Collage kann
das Kunstwerk im Kirchenraum aufgehängt werden –
natürlich mit entsprechendem Hinweiskärtchen betreffs
Titel, Thema und Künstlern.

Acrylmalerei-Kunstwerk der Vielfalt

Material: je nach Kinderanzahl ein oder mehrere sehr
große Keilrahmen (Bastelgeschäft), Pinsel, Acrylfarben
in ähnlichen Farbtönen (z. B. gelb, orange, rot, weinrot,

weiß oder hellblau, dunkelblau, hellgrün, dunkelgrün, türkisgrün, weiß), schmales Kreppband

Dauer: 20-30 Minuten

Im Vorfeld wird der Keilrahmen mit Hilfe des Kreppbands in kleinere Felder unterteilt (Größe der Felder ca. 10x13cm, Größe des Keilrahmens je nach Gruppengröße). Nun darf jedes Kind eines der Felder gestalten und mit bereitliegenden Acrylfarben frei nach Gefallen etwas zum Thema / zur gehörten Geschichte auf die Leinwand malen. Besonders gut sieht es aus, wenn nur bestimmte Farben angeboten werden, dann wirkt das Gesamtkunstwerk später besser, also eher Ton in Ton als knallbunt. Wichtig: Jeder darf malen, wie es ihm beliebt, konkret oder abstrakt – es wirkt später in der Zusammen-

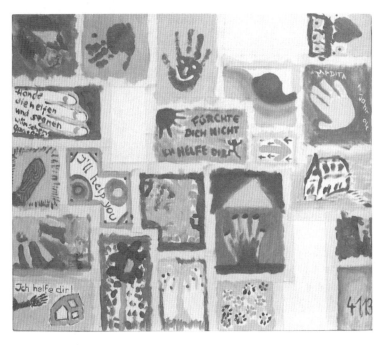

schau aller Bestandteile auf jeden Fall gelungen. Es ist somit auch kein Problem, wenn unterschiedliche Altersgruppen am gleichen Bild arbeiten. Außerdem ist es wichtig, dass die ganze Fläche farbig ausgemalt wird und kein weißer Hintergrund mehr zu sehen ist, denn dann kommen die Unterteilungen durch das Kreppband besonders gut zur Geltung. Wenn alles trocken ist, vorsichtig das Kreppband abziehen und einen würdigen Platz für das Kunstwerk suchen.

Spielideen
für fast alle Erzählungen geeignet

Flaschendrehen

Material: Glasflasche

Dauer: 10-20 Minuten

Alle Kinder setzen sich in einen Kreis, bei einer größeren Gruppe sollten mehrere kleine Kreise gebildet werden. Die Flasche kommt in die Mitte. Der Mitarbeiter stellt eine Frage zur zuvor erzählten Geschichte und dreht dann die Flasche. Das Kind, auf den der Kopf der Flasche zeigt, darf die Frage beantworten. Weiß es die Antwort, darf es sich nun seinerseits eine Frage ausdenken und die Flasche neu drehen. Weiß es die Antwort nicht, darf der Flaschendreher noch einmal seines Amtes walten. Das Flaschendreherspiel kann um zusätzliche Fragestellungen erweitert werden:
– Was hat dir besonders gut an der Geschichte gefallen?
– Was hat dir an der Geschichte nicht gefallen?
– Hast du noch eine Frage zur Geschichte?
– Passende Aufgabe zur Geschichte (z. B. Bartimäusgeschichte: blind bis zur Türe vortasten)

Tipp: Damit das Spiel den Kindern wirklich Freude macht, sollte man aufpassen, dass sich keiner blamiert, wenn er eine Frage nicht beantworten kann.

Hausspiel

Material: Spielplan, Spielfiguren, Würfel, nummerierte Fragekärtchen

Dauer: 30-60 Minuten

Vorbereitung: Spielplan herstellen, Fragekärtchen im Haus verteilen

Auf einen Spielplan werden je nach zur Verfügung stehender Zeit 30 oder mehr kleine Kreise aufgemalt und durchnumeriert. Die Kinder werden in Kleingruppen eingeteilt und bekommen jeweils als Gruppe eine farbige Spielfigur. Nun würfelt die erste Gruppe und zieht mit ihrer Spielfigur die entsprechenden Felder auf dem Spielplan nach vorne. Die Zahl, auf der sie landen, muss nun als nummeriertes Fragekärtchen im Haus/in der Kirche … gesucht werden. Irgendwo befindet sich das Fragekärtchen mit der entsprechenden Zahl. Auf dem Kärtchen steht eine Frage zur gehörten Geschichte/zum Thema (zur Abwechslung gerne auch mal eine Aufgabe wie „Macht zehn Kniebeugen" oder „Singt ein Lied" …). Die Gruppe muss nun wieder geschlossen am Tisch mit dem Spielplan erscheinen, an dem sich auch mindestens zwei Mitarbeiter befinden. Sobald die Nummer samt richtiger Antwort genannt wurde (bzw. die Aufgabe vorgeführt wurde), darf die Gruppe wieder würfeln, um die entsprechende Augenzahl nach vorne ziehen und die neue Zahl suchen. Gewonnen hat die Gruppe, die als erstes am Ziel angelangt ist.

Achtung: Nur für den Beginn des Spiels benötigt man eine Startreihenfolge der Kleingruppen, im weiteren Verlauf des Spiels kommen die Gruppen in der Reihenfolge ihrer Ankunft am Spieltisch dran. Und: Bei einer gewürfelten Sechs darf man nicht noch einmal würfeln.

People-Bingo

Material: Bingozettel, Stifte

Dauer: 5-15 Minuten

Jedes Kind erhält einen Bingozettel mit vorformulierten Eigenschaften und einen Stift, und versucht durch Befragung der anderen Kinder, so schnell wie möglich zwei Reihen, Spalten oder Diagonalen mit Namen auszufüllen. Wer dies als erstes geschafft hat, schreit laut „People Bingo!" und hat gewonnen. In jeder Reihe, Spalte oder Diagonale dürfen keine gleichen Namen auftreten. Der eigene Name darf nicht verwendet werden. Die Eigenschaften werden den jeweiligen Kindern und der Geschichte/Themenreihe angepasst, die Anzahl der Spalten sollte der Kinderanzahl angepasst werden (je mehr Kinder um so besser).

Beispiel siehhe S. 112

Als Beispiel:

kann das neue Kigolied fehlerfrei vorsingen	mag Schokolade	kennt den Namen von Josefs Vater	geht regelmäßig in die Kinderkirche	hat wie Josef mehr als drei Geschwister
hat heute einen bunten Pulli an (wie Josefs Kleid ...)	hat heute Nacht etwas Besonderes geträumt	isst gerne Müsli	kann einen von Josefs Träumen nacherzählen	hat sich schon mal den Fuß gebrochen
hat wie Josef einen jüngeren Bruder	hat eine Zahnlücke	hat heute bunte Socken an (wie Josefs Kleid ...)	mag Spinat	kennt drei Namen von Josefs Brüdern

Farben- und Eigenschaftenrutschen

Material: ein Elferrausspiel, Stuhlkreis

Dauer: 10-30 Minuten

Alle Kinder sitzen im Stuhlkreis und bekommen durchgemischte Karten aus dem Spiel „Elferraus" verteilt. Jedes Kind merkt sich nun die Farbe seiner Karte und gibt sie dann wieder ab. Nun wird der Stuhl jedes Kindes „persönlich" markiert, z. B. die eigene Jacke drübergehängt oder einen eigenen Schuh daruntergestellt o. Ä. Der Mitarbeiter nimmt sich nun die wiedereingesammelten Elferrauskarten und deckt die oberste Karte auf. Er nennt laut die Farbe dieser Karte, z. B. rot. Nun dürfen alle Kinder, die zuvor eine rote Karte gezogen haben, einen Stuhl im Uhrzeigersinn weiterrutschen. Manche Kinder werden auf einem freigewordenen Stuhl landen, andere auf dem Schoß eines sitzenden Kindes. Die nächste Karte wird gezogen, wieder dürfen die Kinder dieser Farbe weiterrutschen – allerdings immer nur die, die sich frei bewegen können. Sitzt ein anderes Kind auf dem Schoß, darf man nicht weiterrutschen, da man durch dieses Kind blockiert ist. Wer zuerst wieder an seinem Ursprungsstuhl angekommen ist, hat gewonnen. Damit das Spiel noch interessanter wird und auch eine Verbindung zur biblischen Geschichte hergestellt werden kann, können zusätzlich zwischendurch Eigenschaften abgefragt werden. Zum Beispiel: „Jetzt dürfen die Kinder weiterrutschen, die, wie der Gelähmte, gute Freunde haben." oder „… die schon einmal eine Verletzung am Bein oder ein gebrochenes Bein hatten."; „… die braune Haare haben"; „…die letztes Mal auch in der Kinderkirche waren"; etc.

Wäscheleinememory

Material: Wäscheleine oder Schnur, Wäscheklammern, Karten in Postkartengröße

Dauer: 10-15 Minuten (variabel, kann auch durch mehr Karten länger gespielt werden)

Die Wäscheleine wird gespannt. Mit Hilfe der Wäscheklammern werden die vorher vorbereiteten Karten aufgehängt. Die Karten sollten relativ dick sein (Tonkarton oder Karteikarten, evtl. doppelt kleben), damit man die Schrift oder das Motiv nicht durchscheinen sieht. Auf die Rückseite der Karten malt oder schreibt man nun Kartenpaare auf: z. B. auf eine Karte Josef und auf die andere Maria, oder auf die eine Karte Arche und auf die andere Noah, je nachdem, welche Geschichte man vertiefen will. Natürlich ist es auch möglich, Personen passende Accessoires oder Eigenschaften zuzuordnen, z. B. Josef und buntes Kleid und zwölf Brüder und neidisch. Besonders schön werden die Karten, wenn man die Motive malt, aber größere Kinder spielen ebenso gerne mit Wortkarten. Man kann entweder nur biblische Begriffe nehmen, genauso aber auch Bibelverse in der Hälfte teilen und jeweils auf zwei Karten schreiben. Oder zusätzliche, nichtbiblische Wortpaare dazunehmen, wie Tisch und Stuhl, Pippi Langstrumpf und kleiner Onkel, Zahnbürste und Zahnpasta … Von der Anzahl her sollte man mindestens 20 Karten vorbereiten. Wenn man eine Weile länger spielen möchte oder auch größere Kinder dabei sind, dürfen es auch ein paar mehr sein. Sind alle Karten fertig, werden sie kräftig durchgemischt und auf der noch freien Vorderseite durchnummeriert. Nun muss man die Karten nur noch in der numerischen Reihenfolge an die Wäscheleine hängen und die Kinder davor setzen, und schon geht das Wäscheleinememory los. Bei ganz kleinen Gruppen spielt jedes Kind für sich, bei größeren Gruppen spielen zwei bis vier Kleingruppen gegeneinander und die Kinder können sich untereinander absprechen. Die Gruppe, die an der Reihe ist, nennt zwei Zahlen, z. B. Eins und Fünf. Diese beiden Karten werden nun mit dem Wort- oder Bildmotiv nach vorne gehängt. Die Kinder schauen sich die Karten an. Ist es ein passendes Paar, erhält diese Gruppe die Karten und darf aufs Neue raten. Passen die Karten nicht zusammen, werden die Karten umgedreht, sodass wieder die Zahl zu sehen ist.

Tipp: Das Tolle an diesem Spiel ist, dass es, einmal vorbereitet, immer wieder hervorgeholt und gespielt werden kann und ideal ist, um unvorhergesehene Pausen zu fül-

len. Außerdem kann man den Bestand gut um zusätzliche Karten erweitern oder einige Kartenpaare durch andere austauschen, wenn man eine neue Geschichte vertiefen möchte.

Zusätzlich kann das Spiel in der Vorbereitung auch gut mit den Kindern zusammen hergestellt werden. Dann ist zwar der Effekt verlorengegangen, dass sie bei aufgedeckten Einzelkarten überlegen müssen, welche Zweitkarte dazu passen könnte. Aber andererseits sind sie in die Überlegungen einbezogen, welche Kartenpaare aus der gehörten biblischen Geschichte gebildet werden könnten. Man wird erstaunt sein, wie ideenreich die Kinder sind und merkt auch deutlich, wie viel von der Geschichte hängengeblieben ist.

Aufgaben-und-Fragen – Memory

Material: selbsthergestellte Memorykarten, selbsthergestelltes Memoryleintuch, Stecknadeln

Dauer: 15-45 Minuten (ja nach Anzahl der Kärtchen und Schwere der Aufgaben)

Spielvorbereitung: Quadratische Kärtchen aus Karton ausschneiden und oben mittig lochen. Jeweils zwei gleiche Motive aufmalen und so die Memorypaare herstellen. Ideal ist es, wenn die Motive zu den Fragen und Aufgaben passen, Beispiele siehe unten. Auf ein Leintuch ein großgefächertes Koordinatensystem aufmalen und an jeder Koordinatenschnittstelle ein Korkenrädchen (hier o) aufkleben:

	A	B	C	D	E	F	G
1	o	o	o	o	o	o	o
2	o	o	o	o	o	o	o
3	o	o	o	o	o	o	o
etc.	o	o	o	o	o	o	o

Das Leintuch wird dann mit einer Schnur oder Klebeband an einer Wand / Tafel o. Ä. befestigt und in die Korkenrädchen eine Stecknadel gesteckt, deren Winkel so
steht, dass sie mit dem Kopf leicht nach oben zeigt.

Spieldurchführung:

Die Memorykärtchen werden gemischt und mit dem
Loch so in die Stecknadeln eingehängt, dass man nur ihre Rückseiten sieht. Nun werden die Kinder in zwei bis
drei Gruppen eingeteilt und dürfen, wie beim normalen
Memoryspiel, zwei Karten umdrehen. Dies geschieht
dadurch, dass sie dem Mitarbeiter die Koordinaten
durchgeben, z. B. B1 und F5. Die Kärtchen werden vom
Mitarbeiter umgedreht und für alle sichtbar mit der
Bildseite nach vorne gehängt. Sind es zwei unterschiedliche Karten, werden sie wieder zurückgedreht, sodass
man nur ihre Rückseite sieht, und die nächste Gruppe ist
an der Reihe. Sind es zwei gleiche Motive, so schaut der
Mitarbeiter nach, welche Frage oder Aufgabe die Gruppe erwartet. Wird die Frage richtig beantwortet oder die
Aufgabe gelöst, bekommt diese Gruppe das Kartenpaar
und darf noch einmal zwei Karten aufdecken. Wer zwei
Kartenpaare hintereinander gefunden hat, muss dann
trotzdem an die nächste Gruppe abgeben (wird vor allem gegen Ende interessant, da sonst eine Gruppe alle

letzten Paare abräumt und es für die anderen zu langweilig wird). Wird eine Frage nicht richtig beantwortet oder eine Aufgabe nicht richtig erfüllt, so werden die Kärtchen wieder umgedreht und in einem neuen Anlauf kann das Glück von dieser oder einer anderen Gruppe noch einmal versucht werden. Allerdings gilt auch die Regel, dass ein gleiches Kartenpaar, das eben aufgedeckt war, in der nächsten Runde zugedeckt bleiben muss und erst ab der übernächsten Gruppe wieder aufgedeckt werden darf.

Zusätzlich zu den einzelnen Fragen und Aufgaben gibt es noch Gruppenaufgaben. Wenn eine Gruppenaufgabe gestellt wird, erhält die Gruppe, die als Sieger daraus hervorgeht, das Kartenpaar.

Beispiele für Motive und Fragen/Aufgaben der Memorypaare:

Passend zur Geschichte/zur Einheit:
- Viele Zahlen kreuz und quer: Nennt die Anzahl der Aussätzigen, die geheilt wurden!
- Ein Fragezeichen: Was sollten die Aussätzigen machen, nachdem sie Jesus um ihre Heilung gebeten hatten?
- Zwei Männchen mit Abstand, Pfeil zwischen ihnen, der in beide Richtungen zeigt: Warum mussten Aussätzige einen vorgeschriebenen Abstand zu gesunden Menschen einhalten?
- Männchen mit Luftsprung: Für was könnt ihr Gott aus ganzem Herzen Danke sagen?

Allgemeines:
- Km-Zeichen: Wie viel Kilometer sind es bis zur nächsten Stadt XY?

- Teekanne: Nennt in 15 Sekunden drei Teekesselchen-Begriffe.
- Note: Singt ein Lied.

Aufgaben:
- Pflaster: Besorgt innerhalb von drei Minuten ein Pflaster/Verband für die Aussätzigen (nur eine Person rennt, die anderen bleiben da und spielen weiter).
- Bonbon: Jede Gruppe schickt einen Freiwilligen. Alle erhalten ein Bonbon. Wer hat es zuerst weggelutscht, ohne Beißen, ohne verschlucken?
- Luftballon: Jede Gruppe schickt einen Freiwilligen. Alle erhalten einen Luftballon. Wer pustet seinen Luftballon so schnell auf, dass er als Erstes platzt?
- Männchen mit Muskeln: Schickt ein Kind aus eurer Gruppe und sucht ein Kind aus einer anderen Gruppe aus. Wer im Armdrücken gewinnt, erhält das Memorypaar.
- Bibel: Jede Gruppe schickt einen Freiwilligen, alle erhalten eine Bibel. Wer schlägt zuerst Lukas 17 Vers 14 auf?

Zusatzkarten:
- Smileygesicht: jeweils zwei in einer Farbe, kann es mehrfach in unterschiedlichen Farben geben: Joker

Tipp: Für den ersten Gebrauch ist das Spiel mit Leintuch und Karten etwas aufwändig in der Herstellung, wird durch die Freude der Kinder aber belohnt. Wenn das Leintuch erst mal hergestellt ist, kann es klein zusammengelegt, aufbewahrt und immer wieder eingesetzt werden. Auch ein Teil der Karten (z. B. die Smileys oder beliebte Aufgaben wie Bonbonwettlutschen o. Ä.) kann weiterverwendet werden, und so muss man bei er-

neutem Einsatz nur noch einige neue Bildkarten herstellen.

Wer sich Zeit ersparen will, spielt das Ganze einfach auf dem Tisch oder auf dem Boden, wobei die hängende und auch für Großgruppen gut sichtbare Variante schon einen besonderen Reiz besitzt, schon allein durch das Nennen der Koordinaten …

Quiz: Der große Preis

Material: großes Plakat

Dauer: 30-45 Minuten (variabel je nach Anzahl der Ratespalten)

Zunächst wird ein großes Plakat gefertigt, auf dem eine Tabelle zu sehen ist. Je nachdem, wie lange das Quiz dauern soll, gibt es zwischen drei und sechs Spalten. In der ersten Zeile werden allgemeine oder biblische (evtl. zur letzten Einheit der Gruppenstunde passende) Oberbegriffe eingetragen. Darunter stehen jeweils untereinander die Werte 20, 40, 60, 80 und 100. Als mögliche Beispiele für Oberbegriffe: Schule, Schöpfungsgeschichte, Abraham, A-Z.

Schöpfungs-geschichte	Abraham	Schule	A-Z
20	20	20	20
40	40	40	40
60	60	60	60
80	80	80	80
100	100	100	100

Pro Oberbegriffspalte verbirgt sich nun hinter jeder Zahl eine Quizfrage, vom Schwierigkeitsgrad her von 20 Punkten (leichte Fragen) aufsteigend bis 100 Punkten (schwere Fragen). Wer möchte, kann im Spiel auch einen oder zwei Joker verstecken, bei denen man, ohne eine Frage zu beantworten, 100 Punkte geschenkt bekommt. Die Fragen sollten sich am Alter und Wissensstand der Kinder orientieren, deshalb hier nur ein unverbindlicher Vorschlag:

Schöpfungsgeschichte:
20: Nenne drei Dinge, die Gott geschaffen hat.
40: Was hat Gott am siebenten Tag gemacht? – (Er hat ausgeruht.)
60: Was dachte bzw. sah Gott am Ende jedes Schöpfungstages? (Und Gott sah, dass es gut war.)
80: JOKER: 100 Punkte
100: Zählt auf, was Gott vom ersten bis zum sechsten Schöpfungstag jeweils geschaffen hat. (1.Tag: Trennung von Licht und Dunkelheit, Tag und Nacht, 2.Tag: Trennung der Wasser unterhalb und oberhalb des Himmels, 3.Tag: Trennung von Wasser und Landoberfläche, die Pflanzen werden erschaffen, 4.Tag: Himmlische Lichter, 5.Tag: Erschaffung der Wassertiere und der Vögel, 6.Tag: Erschaffung der Landtiere und des Menschen)

Gespielt wird in zwei bis vier Kleingruppen gegeneinander. Die Gruppe, die an der Reihe ist, nennt einen Oberbegriff und einen angegebenen Wert, z. B. „Schöpfung 40". Dieser Wert wird nun auf dem großen Plakat durchgestrichen und die Frage an die Gruppe gestellt. Wird diese Frage richtig beantwortet, werden die 40 Punkte für diese Gruppe notiert. Wird sie falsch beantwortet, gibt es zwei Möglichkeiten: Entweder die Frage verfällt und der Spielleiter nennt die richtige Antwort oder die Frage wird an die nächste Gruppe weitergegeben. Beantwortet diese die Frage richtig, erhält sie noch die Hälfte der ursprünglichen Punktzahl. In jedem Fall kommt danach die nächste Gruppe an die Reihe und kann eine Frage aussuchen. Das Spiel ist beendet, wenn alle Zahlen auf dem Quizplakat durchgestrichen sind, oder wenn der Spielleiter das Spiel aus Zeitgründen abbricht. Dann wird durch Zusammenzählen der erspielten Punkte errechnet, wer der Tagessieger dieses Spiels ist.

Tipp: Wer viele lebhafte Kinder in der Gruppe hat, kann zwischendurch auch eine Bewegungsaufgabe einbauen, z. B. bei Schöpfung 60: „Besorgt draußen etwas, das am 3.Tag erschaffen wurde" (Pflanzen). Oder: „Singt das neue Schöpfungslied vor und macht die Bewegungen, die wir dazu gelernt haben".

Quiz: Ja-Nein-Stuhl

Material: zwei Stühle, die mit einem „Ja-" und einem „Nein-Plakat" beschriftet sind

Dauer: 5-20 Minuten (variabel durch Anzahl der Fragen)

Vorne stehen zwei Stühle, der Ja- und der Nein-Stuhl. Einige Meter entfernt stehen die Stühle der Kinder, geordnet nach Spielgruppen. Jede Gruppe sitzt hintereinander und die Kinder werden in jeder Gruppe von vorne nach hinten durchnumeriert. Hier ein Beispiel:

Ja-Stuhl   Nein-Stuhl

Gruppe A	Gruppe B	Gruppe C	Gruppe D
Kind 1	Kind 1	Kind 1	Kind 1
Kind 2	Kind 2	Kind 2	Kind 2
Kind 3	Kind 3	Kind 3	Kind 3
Kind 4	Kind 4	Kind 4	Kind 4
Kind 5	Kind 5	Kind 5	Kind 5

Der Spielleiter steht vorne und liest nun eine Frage vor. Dabei muss es ganz leise sein und es darf keine Antwort geflüstert werden. Dann nennt der Spielleiter eine Nummer, und nun dürfen alle Kinder mit der genannten

Nummer nach vorne rennen und auf dem richtigen Antwort-Stuhl Platz nehmen. Z. B. „Gott sagte zu Abraham: Bau eine Arche! – Nr. 1!" Nun rennen alle Kinder mit der Nummer 1 los und nehmen entweder auf dem falschen Ja-Stuhl Platz, was natürlich keine Punkte gibt. Oder das erste Kind setzt sich auf den Nein-Stuhl, das als zweites ankommende Kind setzt sich auf das erste, das dritte Kind auf das zweite etc. Das zuunterst richtig sitzende Kind erhält drei Punkte, das zweite Kind zwei Punkte, das dritte einen Punkt und alle weiteren Kinder waren zu langsam. Nicht erlaubt ist, dass sich mehrere Kinder nebeneinander auf den Stuhl setzen.

Da es bei diesem Spiel immer wieder sehr wild zugeht, ist es ratsam, gute Stühle zu nehmen, die nicht gleich bei etwas forscherem Draufsetzen zusammenkrachen. Außerdem empfiehlt es sich, die Stühle an die Wand zu stellen, um ihnen mehr Halt zu geben, oder noch besser: Hinter jedem Stuhl steht ein Mitarbeiter und hält den Stuhl fest.

Die Fragen sollten so formuliert sein, dass sie nur mit „Ja" oder „Nein" beantwortet werden können und sich natürlich am Alter und Wissensstand der Kinder orientieren. Man kann hier allgemeine Fragen verwenden und natürlich Fragen zur biblischen Geschichte / Einheit einbauen.

Hier einige Beispiele:

Ist die Sonne größer als der Mond?	(Ja)
Hat Mozart schon mit fünf Jahren sein erstes Stück komponiert?	(Ja)
Ist die Mitarbeiterin XY 35 Jahre alt?	(Nein)
War Zachäus ein Fischer?	(Nein)
Kletterte Zachäus, um besser sehen zu können, auf ein Hausdach?	(Nein)

Ging Jesus zu Zachäus nach Hause?   (Ja)
Gab Zachäus seine unfair eingenommenen
Zolleinkünfte zehnfach zurück?   (Nein)

Tipp: Das Spiel kann noch um zusätzliche Aktionsaufgaben erweitert werden. Hier werden dann zu den Fragen
Aufgaben gestellt, danach wird wie gehabt eine Nummer aufgerufen. Diese Kinder rennen los und versuchen,
die Aufgabe zu erfüllen. Hier ist es hilfreich, wenn ein

zusätzlicher Mitarbeiter bereitsteht, der darauf achtet, in welcher Reihenfolge die Kinder zurückkommen, damit die Punkte gerecht verteilt werden. Wenn es eine Aufgabe gibt, bei der eine Schar Kinder länger unterwegs ist, kann in der Zwischenzeit mit den verbleibenden Kindern weitergespielt werden. Hier ist es allerdings sinnvoll, nur mit Fragen weiterzuspielen, damit nicht zwei Aktionsaufgabengruppen unterwegs sind. Sonst verliert man schnell den Überblick.

Beispiele für Aktionsaufgaben zwischendurch:
Besorgt ein Blatt Klopapier.
Besorgt ein Kleeblatt.
Besorgt einen Schuh in der Größe 32.
Wer hat zuerst im Liederbuch die Nummer 15 aufgeschlagen und zeigt es Mitarbeiter XY (bzw. und singt es XY vor)?
Wer hat zuerst zehn Socken/Kniestrümpfe aneinandergeknotet?

Quiz: Pyramide

Material: Begriffskärtchen, Stoppuhr

Dauer: 10-20 Minuten (variabel durch Anzahl der Karten)

Vorbereitung: Es werden Oberthemen festgelegt und zu diesen Oberthemen jeweils acht Unterbegriffe gesucht. Jeder Unterbegriff wird groß und deutlich auf eine mindestens DIN A5 große Karte/Papier geschrieben. Die Oberthemen können allgemeine Themen sein oder auch die behandelte Geschichte/Einheit aufgreifen.

Zum Beispiel:
Abraham: Sara, alt, Sterne, Sohn, Opfer, Zelt, Isaak, Hagar
Schule: Tafel, Lehrer, Schulranzen, Radierer, Kreide, Mathe, Füller, Aufsatz

Die Kinder werden in mindestens zwei und höchstens vier Kleingruppen eingeteilt. Es wird gruppenweise gespielt. Von der ersten Gruppe kommt ein Kind nach vorne und setzt sich auf einen einzelnen Stuhl, die anderen Kinder der Gruppe setzen sich im Halbkreis vor dieses Kind. Die Kinder dürfen sich eines der Oberthemen aussuchen und der Mitarbeiter stellt sich mit den entsprechenden Begriffskärtchen hinter das einzeln sitzende Kind. Nun hält der Mitarbeiter das erste Kärtchen mit einem Unterbegriff über dem Kopf des Ratekindes hoch (das Kind darf sich nicht umdrehen). Die anderen Kinder dieser Gruppe, die im Halbkreis außen herum sitzen, versuchen nun, diesen gesuchten Begriff zu erklären. Hierbei ist nicht erlaubt, etwas pantomimisch darzustellen oder auf Dinge im Raum zu zeigen. Ebenso ist es nicht erlaubt, das Wort selbst oder dem Wortstamm verwandte Wörter zu verwenden (z. B. bei Großmutter nicht „groß" oder „die Mutter deiner Mutter"). Sobald das Ratekind den Begriff erraten hat, wird der nächste Begriff hochgehalten. Das Ratekind und die erklärenden Kinder haben auch die Möglichkeit, den nächsten Begriff zu fordern, ohne dass der vorherige geraten wurde. Haben sie alle anderen Begriffe erraten und es ist noch Ratezeit übrig, wird der nicht erratene Begriff nochmals gezeigt. Die Kinder haben genau 60 Sekunden Zeit zum Raten. Sind die Kinder sehr klein oder sehr langsam beim Raten, kann man die Ratezeit auch auf 90 oder 120 Sekunden erhöhen. Am Ende der 60 Sekunden wird ge-

zählt, wie viele Begriffe erraten wurden. Wird ein Begriff von den erklärenden Kindern fälschlicherweise verraten oder falsch erklärt (s.o.), dann wird dieser Begriff nicht gewertet.
Anschließend kommt die nächste Gruppe an die Reihe. Wer erreicht am Ende die meisten Punkte?

Mögliche Variante: Jeweils eine Gruppe erklärt, aber es sitzt von jeder Gruppe ein Ratekind vorne. Das Ratekind, das zuerst den gesuchten Begriff errät, erhält den Punkt. Die Variante eignet sich auch gut als Abschlussrunde oder zum Stechen bei gleichem Punktestand. Allerdings ist es sinnvoll, einen zusätzlichen Mitarbeiter einzusetzen, der genau darauf achtet, welches Kind den gesuchten Begriff zuerst errät. Im Trubel der rufenden Kinder kann man schnell etwas überhören.

Tipp: Diese vorbereiteten Kärtchen kann man aufbewahren und nach einiger Zeit wieder verwenden. Gut geeignet sind anstatt einzelner Kärtchen auch Schulhefte, in die man pro Seite einen Begriff einträgt und so mehrere Begriffssammlungen zu unterschiedlichen Oberthemen in einem Heft zusammenfassen kann – eignet sich auch gut zum Mitnehmen auf Wochenendfreizeiten o. Ä.

Montagsmaler

Material: Tafel und Kreide oder Whiteboard und Tafelmarker oder Tageslichtprojektor, Folie und Stifte oder große Plakate und Eddings, außerdem Begriffskärtchen

Dauer: 10-30 Minuten (variabel je nach Anzahl der Begriffe)

Vorbereitung: Die Begriffskärtchen müssen hergestellt werden. Hierbei kann man allgemeine Begriffe oder auch Begriffe aus der biblischen Geschichte oder der letzten Einheit verwenden. Man sollte darauf achten, dass die Begriffe in irgendeiner Art und Weise durch das Malen dargestellt werden können. Als Beispiel: Krippe, Engel, Schaf, Esel, König, Stern, schwangere Maria etc.

Die Kinder werden in mindestens zwei und höchstens vier Gruppen eingeteilt. Von der ersten Gruppe kommt ein Kind zum Malen nach vorne (Malmöglichkeiten siehe oben unter Material), die anderen Kinder der Gruppe setzen sich zum Raten außen herum. Nun zeigt der Mitarbeiter dem malenden Kind den ersten Begriff und dieser wird gemalt. Sobald er von den Ratekindern erkannt und erraten ist, folgt der nächste Begriff. Je nachdem, wie alt die Kinder bzw. wie schwer die Begriffe sind, hat die Rategruppe zwischen 45 und 90 Sekunden Zeit. Alle erratenen Begriffe werden als Punkte gezählt. Anschließend kommt die nächste Gruppe an die Reihe. Wer hat am Ende die meisten Punkte gesammelt?

Tipp: Die Kärtchen aufbewahren – so bekommt man im Laufe der Zeit eine gute Sammlung zusammen und kann auch als „Notprogramm" darauf zurückgreifen.

Dalli Dalli

Material: Stoppuhr

Dauer: 10-30 Minuten

Die Kinder werden in mindestens zwei Gruppen eingeteilt. Pro Gruppe melden sich zwei Freiwillige. Die Freiwilligen von Gruppe eins setzen sich auf zwei nebeneinanderstehende Stühle, die beiden Freiwilligen der Gruppe zwei warten vor der Tür (oder, wenn möglich, in einer schalldichten Kabine …). Die beiden Ratekinder der Gruppe eins bekommen nun einen Oberbegriff genannt und sollen immer abwechselnd (Achtung, das Abwechseln ist eine notwendige Regel!) je eine Assoziation zu diesem Oberbegriff nennen. Erlaubt sind sowohl Substantive als auch Verben und Adjektive. Je nach Alter der Kinder werden für eine Dalli-Dalli-Runde 30, 45 oder 60 Sekunden Zeit gegeben. Die Begriffe werden gezählt, Doppelungen natürlich nicht. Falls eine Assoziation überhaupt nicht passt (z. B. Oberbegriff Abraham, genanntes Wort Supermodel), wird diese entweder nicht gewertet oder man nimmt bei älteren Kindern einen Punktabzug vor. Anschließend werden die beiden wartenden Kinder hereingeholt, die wegen Chancengleichheit noch einmal den gleichen Oberbegriff genannt bekommen. In der nächsten Runde kommen neue Ratekinder zum Zug und ein neuer Oberbegriff wird verwendet. Am Ende ist die Gruppe Sieger, die die meisten Punkte sammeln konnte. Das Spiel hat seinen Namen deshalb, weil die Begriffe natürlich „Dalli-Dalli", d. h. Schlag auf Schlag kommen sollten, um möglichst viele Punkte zu sammeln.

Man kann Dalli-Dalli natürlich mit ganz alltäglichen Oberthemen wie Schule, Sport, Fernsehen, Freunde, Küche, Spielzeug, Jungschar, Kirche o. Ä. spielen. Jedoch eignet es sich auch sehr gut am Ende einer Erzählung oder einer längeren Einheit.

Beispiel:
Oberbegriff Abraham: Abraham / Sara / Haran / ausziehen / Mägde / Knechte / Familie / Gott / Versprechen / Kind / Sohn / Sterne / Nachkommen / alt / Lachen / Besuch / Isaak / Ismael / Hagar / Wüste / neidisch / großes Volk …

Tipp: Zeit nicht zu knapp bemessen, da es auch für den Mitarbeiter ganz interessant ist, welche Begriffe genannt werden. Übrigens kann man nicht nur Oberthemen wie

„Abraham", „Josef", „Jesus" oder „Schöpfung" nehmen, sondern auch abstrakte Begriffe, die zur Geschichte passen, wie „Neid" bei Josef oder „Glaube" bei Abraham. Auch hier wird es dann interessant, ob die Kinder nur allgemeine Assoziationen nennen, oder ob die Geschichte noch so präsent ist, dass ihnen in dem Moment auch z. B. die neidischen Brüder von Josef einfallen.

1, 2 oder 3

Material: Kreide oder Kreppband, evtl. starke Taschenlampe, Bonbons oder Becher und Mühlesteine

Dauer: 5-25 Minuten (je nach Anzahl der Fragen)

Bevor die Kinder kommen, wird das Spielfeld vorbereitet. Ist man im Freien, kann man es mit Kreide eingrenzen. Im Raum wird das Feld mit Kreppband abgeklebt. Es werden drei große Felder gezeichnet, die mit den großen Nummern 1, 2 und 3 versehen werden. Die Größe der Felder ist abhängig von der Kinderzahl und der Raumgröße, allerdings sollten alle Kinder auf einem Feld Platz haben. Wird im Haus gespielt, wird der Raum erst abgedunkelt und dann das Licht angemacht.
Sind die Kinder da, kann das Spiel losgehen. Die Kinder dürfen kreuz und quer auf den Feldern umherspringen. Sobald eine Glocke klingelt, halten sie inne und hören auf die Frage des Mitarbeiters. Er stellt eine Frage mit drei Antwortmöglichkeiten, zum Beispiel: „Gott sagte zu Abraham: 1. Obwohl du so alt bist, werde ich dir vielleicht noch einen Sohn schenken, oder 2. Du bist zu alt und kannst keine Kinder mehr bekommen, deshalb sollst du Ismael adoptieren, oder 3. Ich werde dir so vie-

le Nachkommen schenken, wie du Sterne am Himmel siehst." Die Kinder hüpfen auf allen drei Feldern herum, bis zeitnah der Spruch des Mitarbeiters ertönt (bei dem alle mitsprechen können): „Eins, zwei oder drei, du musst dich entscheiden, drei Felder sind frei. Hin und her und hopp, gleich kommt der Plopp, und Plopp das heißt Stopp!" Dann fasst sich der Mitarbeiter mit dem Zeigefinger in die Backentasche und lässt den Zeigefinger herausschnalzen, wodurch ein „Plopp" ertönt – die Kinder können dies natürlich mitmachen (wer dieser Technik nicht mächtig ist, ruft einfach „Plopp" ...). Genau in diesem Moment bleibt jedes Kind auf dem Feld seiner Wahl stehen. Jetzt darf sich niemand mehr bewegen. Auch wer zu wagemutig war und zu weit vom ausgewählten Lösungsfeld weggehüpft ist, muss da bleiben, wo er ist. Nun geht das Licht aus. Dann verkündet der Mitarbeiter (wer will, kann wieder mitsprechen): „Ob du wirklich richtig stehst, siehst du, wenn das Licht angeht!" In diesem Moment richtet der Mitarbeiter mit seiner Taschenlampe den Lichtstrahl auf das Feld mit der richtigen Lösung. Wird das Spiel im Freien gespielt, zeigt er mit dem ausgestreckten Arm auf das richtige Feld.

Das Spiel kann entweder so gespielt werden, dass jedes richtig stehende Kind ein Bonbon bekommt. Oder vor dem Spiel werden Pappbecher mit den Namen der Kinder beschriftet, und bei jeder richtigen Lösung wird ein Mühlestein (oder ähnliches) in den Becher geworfen. Wer am Ende die meisten Mühlesteine vorzuweisen hat, hat gewonnen.

Die Fragen können sich entweder nur auf die gehörte Geschichte/Einheit beziehen oder mit allgemeinen Wissensfragen gemischt werden. Bei älteren Kindern darf man die Antwortmöglichkeiten ruhig auch mal sehr

ähnlich formulieren, sodass sie auf die Feinheiten hören müssen. Bei jüngeren Kindern sollten es eher drei klare unterschiedliche Antwortmöglichkeiten sein, sodass sie sich alle drei Möglichkeiten im Kopf merken können und dann entscheiden müssen.

Tipp: Man kann sich alle Fragen selbst ausdenken, oder sich auch ein Hilfsmittel zur Hand nehmen. Es gibt viele Wissensspiele für Kinder, in denen man Fragekärtchen findet, die auch drei Lösungsmöglichkeiten anbieten. So spart man sich viel Zeit. Hierbei kann man die Fragen allerdings nicht so gut auf den Wissensstand der Kinder und die Erzählung/Einheit abstimmen.

Vier gewinnt

Material: Tafel, Kreide / Tafelmarker

Dauer: 15-30 Minuten

Auf eine Tafel wird ein Vier-gewinnt-Feld aufgemalt.
Das Vier-gewinnt-Feld sieht wie eine Tabelle aus. Die
waagerechten Reihen haben jeweils sechs Felder, die
senkrechten ebenso. Nun werden die Kinder in zwei
Gruppen aufgeteilt. Die Kinder dürfen im Spielverlauf
jeweils aufstehen und ihr gewünschtes Feld mit Kreide / Tafelmarker markieren.
Nun wird vom Mitarbeiter eine Frage zur gehörten Geschichte / Einheit gestellt. Die Fragen können natürlich
auch gemischt werden mit weiteren allgemeinen Fragen,
Rechenaufgaben o. Ä. Wird die Frage nicht richtig beantwortet, wird die Markierung wieder ausgewischt und
kein Punkt vergeben. Wird sie richtig beantwortet, so
wird das markierte Feld in der Gruppenfarbe ausgemalt
oder alternativ Kreuz bzw. Kreis eingezeichnet. Auch bei
richtiger Beantwortung kommt nun die nächste Gruppe
an die Reihe, es wird immer abwechselnd gespielt.
Die wichtigste Regel ist: Man kann die Felder nur von
unten nach oben auffüllen, wie beim handelsüblichen
Vier-gewinnt-Spiel. Sieger ist, wer als erstes senkrecht,
waagrecht oder diagonal eine Viererreihe erreicht hat.
Wird eine Frage nicht richtig beantwortet oder gar keine
Antwort gegeben, ist es nicht möglich, die Frage an die
andere Gruppe weiterzugeben.
Alternativ kann man dieses Spiel natürlich auch mit einem handelsüblichen Vier-gewinnt-Spiel spielen, jedoch
sind diese für eine größere Anzahl Kinder zu klein. Man
kann das Spiel auch auf ein Plakat aufmalen oder per Tageslichtprojektor an die Wand projizieren.

Tipp: Je einfacher man die Fragen gestaltet, umso schneller geht das Spiel. Möchte man es für einen längeren Zeitraum verwenden, so mischt man immer wieder Aufgaben mit hinein (z. B. eine bestimmte Bibelstelle aufschlagen lassen, einen bestimmten Gegenstand besorgen lassen etc.).

			X		
	O	X	O		
O	X	X	X	O	
X	O	O	X	X	O

Buchstaben-Wörter-Werfen

Material: Ball, Schminkfarbe

Dauer: 5-10 Minuten

Alle Kinder sitzen im Kreis. Der Mitarbeiter wirft einem Kind den Ball zu und ruft gleichzeitig einen Buchstaben. Nun muss das ballfangende Kind innerhalb von zehn Sekunden (je nach Alter der Kinder anpassen ...) ein Wort nennen, das mit diesem Buchstaben beginnt. Dieses Kind wirft nun den Ball wieder einem anderen Kind zu, wie eben wird fortgefahren. Bei älteren Kindern gilt die Regel, dass jedes Wort nur ein Mal genannt werden darf, bei jüngeren sollte man etwas großzügiger sein. Wer das Wort trotzdem doppelt nennt, oder zu lange zum Überlegen braucht, bekommt einen Strich mit

Schminkfarbe ins Gesicht oder auf die Hand. Wer am Ende die meisten Striche gesammelt hat, ist der Verlierer und muss etwas tun, was zu Beginn der Spielrunde ausgemacht wurde.

Sobald die Kinder die Grundregel des Spiels verstanden haben wird eine Zusatzregel eingebracht: Es dürfen nur noch Wörter verwendet werden, die zur gehörten Geschichte/Erzähleinheit passen. Zum Beispiel bei der Josefsgeschichte Kleid, Vater, Brüder, Garben, Mond etc., aber auch Wörter wie neidisch, traurig, durstig o. Ä. sind erlaubt. Wenn ein Wort unpassend erscheint, muss das Kind erklären, warum es seiner Meinung nach passt. Dadurch wird die Geschichte noch einmal aufgearbeitet und man sieht, wie aufmerksam die Kinder waren. Zum Beispiel: Maus – „Als der Josef in den leeren Brunnenschacht geworfen wurde, lag er da ganz unten und da waren bestimmt auch Mäuse."; oder Schminke – „Die Frau von Potifar war ganz vornehm und bestimmt auch jeden Tag schick geschminkt."

Tipp: Es ist sinnvoll, dieses Spiel für Geschichten/Einheiten zu verwenden, die auch inhaltlichen Stoff für die Wörtersuche geben. Extrem kurze Geschichten sind bei der Wörtersuche schnell ausgeschöpft. Leichter fällt es bei inhaltlich fülligeren Einheiten wie Schöpfung (alles aufzählen lassen, was Gott geschaffen hat), Abraham, Josef, Jesus unterwegs etc.

Stadt – Land – Fluss biblisch

Material: Papier, Stifte

Dauer: 10-30 Minuten

Jedes Kind nimmt das Papier im Querformat und zeichnet eine Tabelle wie unten auf. Noch einfacher ist es, wenn der Mitarbeiter schon vorbereitete Zettel samt Oberthemen mitbringt. In der obersten Spalte stehen Oberthemen, beim Original-Spiel sind dies eben Stadt, Land, Fluss, Tier, Name, Nahrungsmittel etc. Der Mitarbeiter beginnt nun, mit einem lauten „A" im Stillen das Alphabet schnell oder langsam aufzusagen. Ein vorher bestimmtes Kind ruft irgendwann „Stopp", und der Mitarbeiter nennt nun laut den Buchstaben, bei dem er gerade angekommen war, zum Beispiel „M". Im Original-Spiel wird nun Zeile pro Zeile ein passendes Wort eingetragen, das mit diesem Buchstaben beginnt. Zum obigen Beispiel könnte dies sein: München – Mexiko – Main – Mammut – Margarete – Marmelade. In diesem Fall gibt es mehrere Möglichkeiten. Den Schwierigkeitsgrad sollte man dem Alter der Kinder anpassen, damit es noch Spaß macht.

Zusätzlich oder alternativ zu den ausgewählten Oberthemen kommen folgende hinzu: biblischer Name (könnte im Beispiel „Mose" sein), biblische Stadt oder Land (sehr schwierig, eher für Erwachsene, z. B. Mazedonien), Geschehen aus Bibel (z. B. Meerdurchquerung mit Mose).

Zu den ausgewählten Oberthemen kommt noch der Titel der gerade behandelten Geschichte/Einheit hinzu. Hier ist alles erlaubt, was zur Geschichte passt, egal ob Verb, Adjektiv oder Substantiv. Ein Beispiel: Oberthema

Josef – mies drauf (waren seine Brüder) oder mächtig (war er später).

Man variiert die Oberthemen stärker, zum Beispiel „Kinderkirche" oder „Jungschar" (hier darf alles rein, was man dazu assoziiert, zum Beispiel munter machend), „Gott ist …" (z. B. megaschlau), Ich wünsche mir … (z. B. Milchreis).

Die Spielrunde endet, wenn ein Kind „fertig" ruft und dann langsam von zehn abwärts zählt. Bei Null müssen alle ihren Stift zur Seite legen. Nun kommt die Punkterunde.

Für ein Wort zu einem Oberthema, zu dem kein anderes Kind etwas aufgeschrieben hat, bekommt man 20 Punkte.

Für ein Wort, das kein anderes Kind unter einem Oberthema notiert hat, erhält man zehn Punkte.

Hat man ein Wort aufgeschrieben, das auch einem anderen Kind eingefallen ist, ist dieses nur noch fünf Punkte wert.

Um die Punkte richtig vergeben zu können, muss man also bei jeder Punkterunde alle Einträge durchgehen und vergleichen.

Dann folgt wieder eine neue Spielrunde. Am Ende des Spiels (das man jederzeit beenden kann, ob nach zwei oder 20 Spielrunden …) werden alle Punkte zusammengezählt und der Endsieger ermittelt.

Beispiel siehe S. 140

Stadt	Land	Kinderkirche	biblischer Name	Geschehen aus der Bibel	Abraham	Gott ist ...
Stuttgart	Schweden	Singen	Sara	Schöpfung	Sara lacht	super
Pforzheim	Peru	Pfarrer	Philippus	Pharao schikaniert das Volk Israel	Pharao nimmt sich Sara zur Frau	Person geworden

Tipp: Da das Spiel kaum Material braucht, kann man es auch als Regenprogramm oder zu einem sonstigen schnellen Einsatz verwenden. Ideal ist es am Ende einer längeren Einheit, damit die Kinder genug „Wortideen" haben.

Wichtig wäre auch, dass die Kinder einigermaßen nach Alter aufgeteilt werden. Sonst ist es für den Achtjährigen sehr frustrierend, wenn die Dreizehnjährige ständig gewinnt.

Sybille Kalmbach

Andachten mit Kindern

Kreaktiv "Wie geht das?"
kartoniert - 80 Seiten
Reihe: Kreaktiv
1. Auflage 2007
ISBN: 978-3-7615-5539-2

Sybille Kalmbach

Bibel dramatisch

Erfahrbare Entwürfe für Jugendstunden
Paperback - 174 Seiten
Reihe: Kreaktiv
1. Auflage 2006
ISBN: 978-3-7615-5450-0